STEFANIE CARLA SCHÄFER

# S'AIMER REND *fort*

VIVRE LÉGER

Dans la même collection VIVRE LÉGER

*Hypersensible et bien dans ma peau,* Susanne Moeberg
*Assez trimé !,* Barbara Berckhan
*Je lâche prise,* Heike Mayer

Catalogue gratuit sur simple demande
**Éditions Jouvence**
France : BP 90107 – 74161 Saint-Julien-en-Genevois Cedex
Suisse : Route de Florissant 97 - 1206 Genève
Site Internet : www.editions-jouvence.com
E-mail : info@editions-jouvence.com

Titre original : *Selbstliebe macht stark*

Traduit de l'allemand par Muriel Frantz-Widmaier
ISBN : 978-2-88911-888-5

Mise en pages : François Grandperrin
Couverture : Éditions Jouvence

STEFANIE CARLA SCHÄFER

# S'AIMER REND *fort*

*Comment développer son estime de soi*

Traduit de l'allemand par Muriel Frantz-Widmaier

jouvence
EDITIONS

VIVRE LÉGER

# TABLE DES MATIÈRES

## Chapitre 3



## Chapitre 4

# SOYEZ LE BIENVENU !

*Imaginez une sorte de médicament universel. Bien utilisé, il est efficace contre presque tous les problèmes, sans aucun effet secondaire ou presque. Ce remède n'est pas délivré sur ordonnance, il ne se trouve dans aucune pharmacie – mais vous pouvez le développer en vous-même, tout simplement. N'est-ce pas tentant ?*

Notre capacité à nous aimer nous-mêmes présente de nombreux points communs avec un tel médicament. Elle nous donne un sentiment de sécurité, même quand la vie nous défie, ce qui arrive forcément !

*Une attitude réfléchie et bienveillante envers nous-mêmes est susceptible de nous connecter de façon douce et attentionnée à notre conscience intérieure, indépendamment des événements extérieurs. Elle crée de la joie et une belle sérénité, grâce à laquelle la vie nous procure plus de plaisir.*

Malheureusement, nous sommes une minorité à apprendre, dès notre naissance, combien il est important de nous traiter nous-mêmes avec attention et tendresse. Si, dans notre enfance, certains de nos traits de caractère ou de nos sentiments ont été rejetés, nous avons continué de les refuser à l'âge adulte, le plus souvent inconsciemment. S'il arrive que, devenu adulte, vous vous auto condamniez, que vous vous révoltiez et que vous doutiez de vous, sachez qu'il en va de même pour la plupart des êtres humains.

## DÉCOUVRIR LA VÉRITÉ EN MOI-MÊME

Peut-être connaissez-vous cette voix critique intérieure qui se manifeste surtout dans les situations compliquées de l'existence et qui emploie souvent des phrases telles que « J'aurais dû… », « Je devrais… », « Je ne suis pas assez bien », au lieu de « Je suis totalement OK comme je suis ». S'y ajoutent les médias et Internet, qui nous suggèrent chaque jour comment, idéalement,

nous devrions être aujourd'hui en tant qu'hommes et femmes modernes : performants et engagés dans notre vie professionnelle, heureux dans la sphère privée, et bien sûr minces et séduisants… Vu de l'extérieur, voilà de très belles idées et de très beaux programmes, non ?
C'est le plus souvent la vie elle-même qui recourt à différentes expériences pour nous inciter, tantôt doucement, tantôt explicitement, à regarder en nous-mêmes. En effet, nous y trouvons des réponses et comprenons ce que nous estimons nous-mêmes être bien – et qui peut être très différent du modèle ou du cliché !
La bonne nouvelle :

**Chaque homme peut apprendre à s'aimer lui-même et à se traiter avec respect et estime de soi.**

Pour engager une telle démarche, aucune condition particulière ni aucun âge précis n'est requis. Ce qui compte, c'est avant tout que vous décidiez de dire, à partir de maintenant, un agréable « oui » à vous-même ainsi qu'à vos besoins, et de vous traiter avec bienveillance.

Une certaine persévérance vous aidera à rester sur votre nouveau chemin, y compris dans les périodes difficiles. Pensez à un jeune enfant qui apprend à marcher : il trébuche infailliblement à un moment ou à un autre, mais il ne lui viendrait jamais à l'idée de se condamner. Il pleure peut-être un peu parce qu'il s'est fait mal, mais il se relève chaque fois et continue de marcher, jusqu'à ce que marcher devienne à ses yeux une évidence.

Cet ouvrage vise à vous soutenir et à vous inspirer sur le chemin éminemment personnel qui vous conduira à l'amour de soi. Voyez-le comme un compagnon sympathique qui se tient à vos côtés avec ses nombreux exercices et astuces pratiques, tandis que vous découvrez la relation la plus importante de votre vie.
Sentez-vous absolument libre d'interrompre à tout moment votre lecture pour sourire de vous-même.

*Dites-vous bien qu'une pincée d'humour peut conférer une douceur agréable au remède universel qu'est l'amour de soi !*

*Chapitre 1*

# Tous les débuts sont simples : les premiers pas

## *Dans ce chapitre, vous apprendrez :*

- pourquoi l'amour de soi n'a rien à voir avec l'égoïsme ;
- quels obstacles vous devez balayer ;
- ce qu'il en est de la critique intérieure ;
- comment vous pouvez jour après jour vous connecter à vous-même.

# M'ÉVEILLER ET COMMENCER

*Le sentiment éprouvé à l'annonce d'un renouveau vous est sans doute familier. Il n'est nul besoin de relier ce renouveau à des détails extérieurs. En revanche, vous sentez une vague intuition vous envahir : vous souhaitez que certains changements interviennent dans votre vie.*

Vous aspirez peut-être à davantage de légèreté et de joie, à être plus connecté à vous-même. Vous pensez peut-être accorder enfin à votre propre personne la première place, au lieu de n'être toujours là que pour autrui. Ou bien vous souhaitez clairement rompre avec d'anciens modèles, ne plus avancer comme le hamster dans sa roue et remplacer vos déceptions récidivantes par des expériences nouvelles et positives. Vous vous souhaitez simplement une plus haute estime de vous-même, plus d'amour dans votre vie, et c'est bien compréhensible. Vous pressentez en même temps que vous n'y parviendrez que si vous osez sortir des sentiers battus.

*Quelle que soit l'histoire qui vous a mené ici, il est magnifique que l'amour de soi, à présent, vous intéresse.*

Si, sous une forme ou sous une autre, vous sentez cette « impulsion à l'éveil », vous disposez d'une base sur laquelle édifier vos fondations. Rempli de curiosité, vous décidez seul du chemin qui vous mènera à vous-même, et je peux vous promettre que ce voyage vraiment captivant en vaut la peine. Il n'est peut-être pas toujours simple et sans heurts, mais il est si enrichissant que vous ne pourrez sans doute plus vous en passer !

## QUE SIGNIFIE VRAIMENT L'AMOUR DE SOI ?

Mais a-t-on le droit de s'aimer soi-même ? Cette expression semble manquer de modestie… L'amour de soi n'est-il pas un signe de narcissisme, voire d'égoïsme ? Personne ne veut être ainsi !

Peut-être avez-vous déjà eu des pensées semblables ou proches ? Je les connais bien. J'ai longtemps cru que notre valeur intérieure était avant tout liée à notre action extérieure. J'étais certaine que l'amour et la reconnaissance se méritaient.

*Mais simplement s'aimer soi-même? Sans rien faire de particulier?*

J'ai l'impression que nous sommes beaucoup à partager ce doute. De nombreuses représentations sociales nous montrent quel comportement nous devons adopter pour être sympathiques et reconnus. La notion de performance, répandue en particulier dans les pays occidentaux, se réfère souvent au domaine des relations aux autres : « Regarde comme c'est un gars super, toujours là pour les autres : sa famille, son conjoint, et dans le travail aussi il est à la hauteur. Vraiment admirable ! »
Les femmes en particulier portent souvent en elles l'héritage des générations de leur mère et de leurs grands-mères, qui consiste à s'occuper au premier chef des autres et à se reléguer soi-même au second plan. Et si l'on se montrait équitable envers les deux côtés – envers soi-même et envers ses proches ?

*Soyez-en certain : un amour sain à l'égard de soi-même n'a rien à voir avec l'égoïsme. Il signifie bien plutôt que vous entretenez une relation bienveillante et attentionnée avec vous-même. Car c'est seulement une fois que vos batteries sont rechargées que vous pouvez vraiment être là pour autrui !*

*Si vous êtes pour vous-même un bon ami, vous éprouvez de la compassion pour vous-même quand vous n'allez pas bien. De l'extérieur, vous paraissez moins dans le besoin et n'attendez pas que quelqu'un fasse votre bonheur. Vous vous occupez bien de vous-même, ce qui vous rend attirant aux yeux des autres.*
*Vous connaissez vos besoins et vos limites, et vous pouvez les défendre avec à la fois douceur et fermeté. Vous êtes sûr de vous, d'une manière chaleureuse et respectueuse. La plupart des gens trouvent facile de se comporter de façon agréable et compréhensive vis-à-vis des autres. Il s'agit de découvrir qu'il en va de même vis-à-vis de soi-même !*

S'aimer soi-même
est le début
d'une histoire
d'amour
qui dure
toute une vie.

Oscar Wilde

# PRENDRE EN MAIN MON BONHEUR

*Au siècle dernier déjà, l'écrivain irlandais Oscar Wilde nota, dans la bonne humeur, combien une relation bienveillante envers soi-même est profitable. Si nous regardons sa citation de plus près, l'expression « qui dure toute une vie » nous saute aux yeux : nous sommes bel et bien la seule personne à nous accompagner, à coup sûr, toute une vie ! L'existence elle-même ne cesse de changer, et souvent, avec elle, les personnes qui nous entourent. Les relations et les circonstances peuvent évoluer, les enfants grandissent ; la mort et la séparation font également partie des changements de la vie.*

Mais dans ce contexte, c'est à vous de décider d'être et de rester auprès de vous-même – advienne que pourra – et de soigner cette relation étroite. En somme, vous découvrez pour ainsi dire en vous votre meilleur ami, que vous suivrez jusqu'à votre dernier souffle. Quelqu'un qui, métaphoriquement, vous tape sur l'épaule, qui vous console, qui s'occupe de vous, qui tient à vous. Vous vous liez pratiquement d'amitié avec vous-même.

## EN ASSUMER L'ENTIÈRE RESPONSABILITÉ

Il est très important de garder à l'esprit ceci : si vous empruntez le chemin de l'amour de soi, assumez-en l'entière responsabilité. Vous décidez de vous occuper de façon réfléchie de votre bien-être personnel, de vos sentiments et de votre santé.

Vous prenez votre bonheur en main.

Croyez-moi, le pas que vous faites ici sera récompensé : la vie soutiendra avec bienveillance et de façon presque magique celui qui prend cette décision.

*Avec, dans vos bagages, l'amour de soi et la conscience de vos responsabilités, vous pouvez conquérir toute votre grandeur, et c'est fantastique.*

Vos semblables se réjouiront eux aussi : en effet, si vous faites preuve de bienveillance à votre égard et si vous sentez votre propre valeur, vous pouvez traiter les autres tout aussi bien.

Votre capacité à vous connaître et à prendre soin de vous rendra l'amour et vos relations d'autant plus satisfaisants.

## (RE)DÉCOUVRIR L'AMOUR DE SOI

Chaque vie est aussi multicolore et variée que le monde lui-même. Personne n'est comme vous ! Et vous êtes parfaitement efficace et aimable exactement tel que vous êtes. Pourquoi donc avons-nous parfois du mal à le reconnaître ? Pourquoi cherchons-nous la reconnaissance à l'extérieur, au lieu de commencer par nous tourner vers nous-mêmes ? Si nous jetons un regard en arrière, nous voyons bien que nous ne sommes pas nés avec un manque d'amour de soi, mais que ce problème s'est développé au fil du temps. Pensez à un jeune enfant. Il se comporte de façon tout à fait naturelle, il exprime simplement ses sentiments et ses impulsions. L'idée qu'une chose « cloche » chez lui ne viendrait pas à l'esprit d'un bébé. Bien sûr, un jeune enfant dépend également de l'amour et de l'attention : il fera donc tout pour l'obtenir. Il fait l'expérience d'être apprécié parce qu'il est sage, qu'il ramène de bonnes notes, qu'il est trop mignon ou qu'il fait attention, et cette expérience est vitale pour un enfant. En grandissant, avec les années, il en garde l'empreinte. Il existe un nombre infini de rôles que nous développons en grandissant et qui nous procurent de la reconnaissance à l'âge adulte : le gars sympa, toujours là pour les autres, le « top manager » couronné de succès, l'ambitieux sportif de compétition, la chef compétente – autant de rôles grâce auxquels nous recevons, consciemment ou non, une validation ou de l'amour *de l'extérieur*. En y regardant de plus près, nous constatons que c'est souvent l'enfant en nous qui pense avoir encore besoin de ces qualités de la part des autres, pour être enfin « rassasié » émotionnellement.
Quand nous commençons à nous tourner avec bienveillance vers nous-mêmes, nous pouvons libérer notre enfant intérieur de cette illusion : nous le prenons nous-mêmes par la main. Nous nous connectons alors à nouveau consciemment avec notre naturel, nos sentiments et nos impulsions, que nous avons reniés peut-être pour nous adapter.

*Nous commençons automatiquement à nous aimer quand nous devenons nous-mêmes.*

# IL Y A LÀ ASSEZ D'AMOUR POUR TOUS

*Le chemin vers l'amour de soi offre la possibilité de prendre toujours plus de distance avec la recherche d'amour et de reconnaissance extérieurs. Il donne lieu à un constat surprenant : l'amour, l'estime et la reconnaissance foisonnent – mais peut-être pas là où nous avons tendance à les chercher.*

Les êtres humains se comportent souvent comme si l'amour était un bien limité dont il faudrait recevoir le plus possible. Presque comme un gâteau dont, à peine posé sur la table, il ne resterait plus rien. Aimez-vous l'idée selon laquelle, tout comme chaque être humain, vous disposez en vous-même d'un grand stock d'amour ? Vous vous demandez peut-être comment on y parvient ? Comment il faut faire ? Ne vous inquiétez pas, nul besoin de devenir un ermite spirituel, qui s'assoit, seul mais pleinement heureux, au sommet d'une montagne, car il est en harmonie parfaite avec lui-même et n'a besoin de personne d'autre au monde. Bien au contraire, le véritable amour de soi a quelque chose de profondément pragmatique, relié avec tout et humain.

Il s'agit bien plutôt de redécouvrir en soi le naturel du jeune enfant et d'en faire l'expérience, cette fois-ci, sur plusieurs niveaux en même temps :

Je suis adulte et je peux m'occuper de moi-même.

Essayez d'adopter cette perspective : Dans mon enfance, tout était différent. Au fil du temps, j'ai développé les rôles que je joue aujourd'hui. Mais d'autres possibilités s'offrent à présent à moi, et j'aimerais apprendre autre chose. Je ne dépends plus autant qu'avant de l'amour et de la reconnaissance d'autrui – conjoint, collègues, chefs, clients ou famille.

*J'apprends désormais à m'aimer (à nouveau) moi-même.*

# MA VISION DE L'AMOUR DE SOI

Conférez une forme concrète à votre décision de vous aimer davantage en élaborant votre vision personnelle de l'amour de soi. Vous programmez ainsi votre navigation intérieure, le visage que prendra votre avenir. À quoi ressemblerait votre vie si vous vous traitiez vous-même avec bienveillance ? Quels éléments changeraient et quels en seraient les signes distinctifs ? Faites-en une liste détaillée, et savourez le sentiment agréable que vous éprouverez !

## MES SENTIMENTS

*En vous aimant plus, comment vous sentez-vous ?*

*Quels signes rendent visible ce nouvel amour, professionnellement et au quotidien ?*

## MON IMAGE DE MOI

*Dans quelle mesure l'image que vous vous faites de vous-même change-t-elle ?*

*Comment et avec qui êtes-vous en contact ?*

# ANCRER L'AMOUR DE SOI

*Exercice*

*Une fois que votre vision sera claire pour vous-même, vous pourrez, grâce à l'exercice suivant, ancrer solidement dans votre inconscient votre décision de vous aimer davantage.*

»——› Commencez par réfléchir à un geste simple que vous pouvez faire à tout moment (par exemple poser la main sur votre cœur) et au mot que vous associez personnellement à l'amour de soi. Ce contact et ce mot doivent vous plaire, car ils sont à présent votre ancre personnelle. C'est une astuce très pratique pour se souvenir à tout instant, au quotidien, de s'aimer soi-même.

»——› Idéalement, accordez-vous à la maison une petite heure et faites l'exercice suivant :
Installez-vous confortablement. Vous pouvez prendre un bain et/ou écouter de la musique douce, de façon à créer une sorte de rituel. Fermez les yeux et observez un moment votre respiration, la manière dont l'air entre et sort de vous-même. Quand vous remarquez que le calme s'installe lentement en vous, commencez à laisser votre vision prendre vie.

»——› Imaginez comment votre vie changerait si vous vous aimiez, avec tout ce que vous êtes et la manière dont vous êtes. Peu importe votre sentiment le matin au réveil, vous regardez le miroir de la salle de bains de façon délibérée et avec un sourire sympathique. Votre reflet vous plaît, malgré de petites rides et vos yeux fatigués. Vous vous connaissez, et vous savez ce qui vous permet de vous sentir bien. Vous en avez fait l'expérience, la vie n'est pas toujours simple, mais vous avez appris à bien vous occuper de vous. Ce qui vous permet, même dans des situations difficiles, de vous dire « oui » comme à un ami bienveillant. Vous remarquez avec reconnaissance que les autres aussi vous traitent avec bienveillance, reflétant votre nouvelle position envers vous-même.

*Sentez avec chacune de vos cellules l'impact de cette idée sur votre corps et votre ressenti ! Prenez conscience de ce que vous éprouvez sur le plan émotionnel et des images intérieures que vous percevez – peut-être même d'autres impressions sensorielles encore !*

»——› Le moment est arrivé de graver cet état en vous. Imaginez que vous appuyez sur le bouton d'un appareil photo. Faites le geste tout à fait consciemment et, au même moment, prononcez intérieurement le mot que vous avez désigné comme étant votre ancre. Ainsi, vous reliez en vous-même le geste, le mot et les sentiments agréables.

»——› Conservez un moment cette attention pleine et entière, percevez-la avec tous vos sens. Puis prenez plusieurs profondes respirations et redirigez lentement votre attention vers l'ici et maintenant.

»——› Vous venez de fixer votre ancre personnelle de l'amour de soi, qui désormais et à tout instant peut vous rappeler votre résolution – comme la photo d'un être aimé, que vous pouvez tirer de votre sac et contempler avec bienveillance. Faites simplement le geste, prononcez *votre* mot en votre for intérieur et percevez vos impressions.

Jetez cette ancre si possible tous les jours – dans le tram, de temps en temps au bureau et quelques minutes avant de vous endormir.

# CHANGER MON PROGRAMME

*Notre subconscient, avec son empreinte de plusieurs décennies et avec nos dogmes, est très puissant. Si nous ne commençons pas à changer de manière consciente, toutes les choses restent telles qu'elles sont. Mais nous nous y attaquons. La patience vient à bout de tout.*

## Changer, c'est possible !

*Dès que vous vous lancez et que vous vous autorisez à être vous-même, le sentiment d'amour (de soi) grandit automatiquement en vous. Dès que vous laissez de la place à vos sentiments et à vos besoins – indépendamment de ce que pensent les autres –, vous mettez pratiquement fin à ce qui s'interpose entre vous et l'amour que vous vous portez.*

Le processus avance pas à pas et nécessite un entraînement quotidien. Les exercices du présent ouvrage vous montrent la marche à suivre. La régularité est importante : le changement doit après tout se révéler durable. Ainsi, sur les plans émotionnel et physique, votre système a l'occasion de s'adapter à votre programme modifié. En vous prenant au sérieux avec bienveillance, vous vous connectez de nouveau à vous-même, exactement comme vous étiez relié à vous-même dans votre petite enfance. Du même mouvement, vous faites de la place à quelque chose de nouveau, en revoyant à la baisse les espoirs fondés sur les autres.

*Après un certain temps passé à vous aimer, vous serez peut-être surpris de pouvoir remplir sans l'aide de personne votre «réservoir» et de devenir ainsi plus indépendant et plus libre.*

C'est ce qu'a vécu Anne.

### LA SOURCE DE LA RECONNAISSANCE

Anne et Damien sont en couple depuis deux ans et sont au fond très heureux – si seulement ils ne se disputaient pas tant ! Anne attend sans cesse l'attention

et l'approbation de celui qui l'aime, mais ses exigences oppressent Damien, qui se voit de plus en plus souvent contraint de se replier. Il se sent trop sollicité et incompétent.
À l'issue d'une dispute, Damien est sur le point de rompre, mais Anne parvient à reconnaître sa part de responsabilité dans sa vie et ses amours. Elle découvre soudain qu'elle ne peut charger aucune autre personne de lui offrir l'amour dont elle manque visiblement. « J'étais d'un coup renvoyée à moi-même. Au début, je ne savais pas vraiment quoi faire, alors je me suis mise à chercher. » Elle commence à s'intéresser à la question de l'amour de soi, lit des ouvrages consacrés à cette thématique et travaille chaque jour devant son miroir un rituel que vous découvrirez vous aussi plus loin dans ce livre. Elle prend en main une grande part de ce qu'elle attendait de son conjoint.
« Je me sens comme si je m'étais réveillée, raconte-t-elle quelques mois plus tard. J'ai découvert que je suis la seule à pouvoir actionner l'interrupteur insufflant plus d'amour dans ma vie – chose qu'auparavant je demandais à Damien. » L'influence positive générée par le changement d'Anne ne se réduisit pas à sa relation de couple : « Auparavant, j'avais toujours le sentiment d'avoir besoin de quelque chose de la part d'autrui. Ces derniers temps, des personnes me font remarquer combien j'ai changé en un sens positif et me demandent comment j'ai fait. »

# IDENTIFIER MES VOIX CRITIQUES

*Je suppose que vous aussi avez déjà entendu retentir à l'intérieur de vous une voix critique qui n'est pas du tout aimable à votre égard. Présentes chez la plupart des êtres humains, ces voix papillonnent, comme douées d'une existence autonome.*

*L'une de ces phrases vous semble-t-elle familière ?*

»⟶ Un truc tellement idiot ne peut arriver qu'à moi.
»⟶ Oh mon Dieu, j'ai une de ces têtes aujourd'hui !
»⟶ J'ai échoué encore une fois.
»⟶ Comme j'ai grossi / Comme j'ai vieilli / Comme je me suis ramolli !
»⟶ Je ne mérite pas mieux.
»⟶ Mon corps est une catastrophe.
»⟶ Et voilà, en plus maintenant j'ai des rides.
»⟶ Je suis incapable de la moindre discipline.
»⟶ Je devrais faire mieux / maigrir / avoir plus de succès.
»⟶ Je ne suis pas assez bien.
»⟶ Je ne suis pas sympa.
»⟶ Je n'y arriverai jamais.

En les écrivant noir sur blanc, on reconnaît encore plus clairement combien ces phrases sont désagréables, n'est-ce pas ? De telles voix critiques ont vite des effets dévastateurs. Mais soyez tranquille, quelques exercices vous permettront de transformer ces interprétations négatives.
Pour l'instant, vous devez comprendre votre histoire individuelle. Regardez-la encore une fois de plus près. J'ai la ferme conviction que couper l'herbe sous le pied de l'autosabotage peut vous aider.

## MON DÉTRACTEUR INTÉRIEUR

Pour nous préparer à la vie, nos parents nous ont transmis, au cours de notre développement, une image de ce qui est bien et mal à leurs yeux. Un tel tableau indicateur, alimenté par leur savoir empirique, est précieux pour réussir au quotidien. Ces idées se sont consolidées avec succès dans notre esprit *via* les compliments ou les critiques. Si, aux yeux de nos parents, nous nous sommes mal comportés, nous avons récolté une réprimande, une critique, parfois une punition ou du mépris.

Bien sûr, nous avons assimilé ces interdits – nous ne voulions pour rien au monde perdre la reconnaissance et l'amour de nos parents ! C'est à cette heure que naquit notre détracteur intérieur. Dans nos premières années d'existence, pour nous empêcher de nous « écarter du droit chemin », il nous disait comme une boussole : « Fais attention – tu n'as pas le droit de faire ceci ou cela. »

Mais avec le temps ces critiques parentales, selon leur fréquence et leur intensité, nous ont donné l'impression que quelque chose « clochait » chez nous. Même si l'intention éducative était peut-être tout autre, nous avons vite eu le sentiment de ne pas être aimables quand nous ne nous comportions pas de la manière souhaitée.

Compte tenu de la profondeur et de l'intensité de l'empreinte que nous a laissée notre enfance, notre détracteur intérieur ne peut bien sûr pas disparaître d'un coup à l'âge adulte. Tandis qu'auparavant cette instance intérieure pouvait avoir une utilité, elle peut désormais ronger notre estime de nous-mêmes de façon vraiment désagréable et par suite nous empêcher de nous aimer nous-mêmes.

*La prochaine fois que vous entendrez en vous ces voix critiques, prenez simplement un moment pour réfléchir : « Que suis-je en train de me dire ? » Ou demandez-vous : « Dans ce message, puis-je reconnaître ma mère ou mon père ? » Accordez-vous un instant pour vous occuper de vous-même. Imaginez en vous le petit enfant qui ne veut pas perdre l'amour de ses parents. Réalisez la chose suivante : j'ai intériorisé autrefois ce message, car, comme tous les enfants, je voulais être aimé. Il était nécessaire de penser ainsi. Je suis maintenant adulte.*

Identifier son détracteur intérieur comme tel procure souvent du soulagement. L'identification à ses désagréables autocondamnations s'atténue, car vous découvrez que cette voix n'est qu'une part de vous-même, aux côtés de nombreux autres aspects positifs qui ne demandent qu'à être mis au jour !

# OBSERVER ET PERCEVOIR

*La vie a lieu dans l'ici et maintenant, et chacun de nous le sait, en théorie du moins. Toutefois, le quotidien moderne nous offre des possibilités infinies de nous distraire de nous-mêmes, n'est-ce pas ?*

Le smartphone, Internet et les réseaux sociaux ne sont pas les seuls à détourner bien trop souvent notre attention du moment présent. Nos stratégies personnelles, visant à ce que nous nous sentions mieux, y parviennent aussi très bien. J'entends par là tout comportement dont nous faisons preuve pour ne pas sentir quelque chose de précis : les consolateurs d'âme, qui ne nous rendent pas service quand nous y recourons à l'excès, comme le chocolat, la nourriture en général ou les distractions en tout genre.
Ne vous inquiétez pas, je ne vous proposerai pas de vous priver de tous ces réconforts d'un coup ! Mais prendre conscience de ce qui se passe en soi est d'une grande aide sur le chemin de l'amour de soi.

## MON OBSERVATEUR INTÉRIEUR

C'est pourquoi vous rencontrerez maintenant un nouveau compagnon : votre observateur intérieur. À l'inverse du détracteur intérieur, ses intentions sont parfaitement bonnes à votre égard, il est à votre service, tel un assistant personnel.
Vous pouvez imaginer votre observateur intérieur comme une caméra qui filmerait de façon fidèle ce qui se passe, sans jugement. Il enregistre les sensations de votre corps, vos sentiments et vos pensées, sans s'identifier à eux. Le point positif est que, avec son aide, vous pouvez à tout instant vous connecter à vous-même et reporter votre attention sur l'ici et maintenant.

Votre observateur intérieur vaut de l'or. Il peut toutefois arriver que vous commenciez à sentir ce que vous cherchiez peut-être à éviter, par exemple la fatigue ou d'autres sentiments tout à fait désagréables. Dans un tel moment, il importe de rester simplement chez vous. Pensez à la météo – il arrive qu'il pleuve, cela fait partie de la vie.

*Si vous parvenez à observer sans juger, entraînez-vous à l'acceptation de vous-même, qui est le stade préliminaire de l'amour de soi.*

## VENIR DANS L'ICI ET MAINTENANT

Accordez-vous de temps en temps cinq minutes pour changer intérieurement votre mode d'observation. Asseyez-vous, les pieds posés à plat sur le sol, et prenez le temps de sentir la différence entre votre ressenti du moment et votre état précédent. Si vous voulez, fermez un instant les yeux et sentez consciemment le reste de votre corps.

- Comment sentez-vous vos bras, vos jambes et votre dos ?
- Comment percevez-vous votre mâchoire et vos épaules ?
- Sentez-vous le dossier de votre chaise et le sol sous vos pieds ?
- Un élément de votre corps appelle-t-il votre attention de façon positive ? Peut-être un picotement chaud dans les mains ou un sentiment d'énergie dans les jambes ?
- Que se passe-t-il sur le plan des pensées et des émotions ?

Même si vous devez vous agiter, essayez de poursuivre cette observation neutre de vos sensations et de vos pensées sans vous identifier à elles. Comme si vous contempliez, d'une certaine distance, une ville pleine de vie. Vous percevez alors ce qui se passe là-bas sans pour autant être au milieu de la mêlée. Cette image vous aidera à être présent et à trouver votre calme intérieur. Restez attentif jusqu'au moment où vous ouvrirez lentement les yeux.

*Si vous remarquez que votre perception s'égare à l'extérieur, dans le passé ou dans le futur, changez pour quelques minutes votre mode d'observation. Vous aurez une bonne surprise!*

# LA « FAMILLE DE L'AMOUR DE SOI »

## *Trucs et astuces*

*Voici un aperçu et quelques astuces pratiques vous permettant d'avoir une vue d'ensemble sur ce qui relève de l'amour de soi. Imaginez que tous ces éléments constituent les parties d'un grand tout. Plus vous les employez au quotidien, plus vous vous approchez de l'amour de soi.*

*L'acceptation de soi*

★ Vous aimez sans doute certains aspects de vous-même plus que d'autres, et c'est tout à fait normal. Vous n'êtes pas obligé de tout aimer en vous – il est peut-être plus réaliste de chercher au moins à accepter les aspects de vous que vous aimez le moins ? L'acceptation de soi est en quelque sorte le stade préliminaire de l'amour de soi. Dites « OK » en votre for intérieur à ce que vous n'aimez pas trop, et mettez mentalement une petite croix à côté, même si pour l'instant vous ne pouvez pas faire plus. C'est déjà mieux que de se condamner et de se révolter.

*La compassion pour soi-même*

★ Il vous arrive sans doute d'éprouver de la compassion pour des personnes dans le besoin, n'est-ce pas ? Vous méritez la même compassion. La psychologue américaine Kristin Neff a découvert que vous pouviez développer peu à peu cette empathie envers vous-même. Essayez de suivre ces trois étapes la prochaine fois que vous rêverez de compassion :

*Avec l'aide de votre observateur intérieur, percevez ce qui est.*

*Prenez conscience qu'il arrive à chaque homme de souffrir et que cette réalité précisément nous relie tous, en tant qu'êtres humains, les uns aux autres.*

*Soyez aimable envers vous-même.*

### *L'amabilité envers soi-même*

★ Dans le terme « amabilité » (en allemand *Freundlichkeit*), on retrouve le mot « ami » (*Freund*). L'amour de soi veut aider à ce que vous témoigniez exactement la même estime à vous-même qu'à un ami extérieur. Cette idée vaut en particulier dans les moments où vous êtes en colère contre vous-même ; vous pouvez recourir à l'humour en imaginant que vous maintenez la bouche de votre détracteur intérieur fermée, avec un clin d'œil. Cela détendra la situation.

### *La sollicitude envers soi-même*

★ Être entouré d'attentions a l'air formidable. Vous pouvez vous traiter vous-même avec une conscience identique à celle dont fait preuve une mère vis-à-vis de son enfant. Cuisinez votre plat préféré, veillez à votre bien-être physique, soyez aussi doux avec vous-même qu'avec un enfant. Un tel traitement permettra à votre moi profond de s'épanouir !

### *L'amour-propre*

★ Ce point est étroitement lié à l'amour de soi et augmente dans la mesure où nous apprenons à nous aimer et à nous estimer. Vous rappelez-vous le slogan publicitaire « Parce que je le vaux bien » ? Il vous offre un moyen fantastique de renforcer votre amour-propre. Vous pouvez vous soutenir vous-même en employant en votre for intérieur une formulation identique ou proche dans des circonstances très variées : « Est-ce que je mérite de terminer aujourd'hui mon travail à l'heure ? » ou « J'exauce mon souhait parce que je le vaux bien ». Bien sûr, la reconnaissance extérieure exerce aussi quelque influence sur le sentiment de votre propre valeur. Mais sur le chemin de l'amour de soi, vous découvrirez que la valeur que vous vous accordez à vous-même influence également la valeur que les autres vous accordent.

### *L'autodétermination*

★ Dans ce concept (en allemand *Selbstermächtigung*), on retrouve le mot « puissance » (*Macht*) – au sens positif du terme. En vous déterminant vous-même, vous vous autorisez à être vous-même et vous donnez le droit d'agir conformément à vos besoins. Commencez par des choses anodines, comme dire et faire toujours plus ce que vous pensez et sentez. Décarcassez-vous pour votre propre vérité ! Ainsi croît votre certitude intérieure, et avec le temps vous vous déterminerez vous-même aussi sur des sujets importants, par exemple les négociations salariales. Adieu le temps des choses anodines ! Ne faites plus mystère de vos talents !

# SUR LE CHEMIN DE L'AMOUR DE SOI

## 1

*Vous pouvez apprendre à vous aimer*

Quelle que soit l'histoire qu'il traîne dans ses bagages et où qu'il en soit dans sa vie, chaque homme peut apprendre à se traiter avec bienveillance et estime. Commencez dès aujourd'hui – ça en vaut la peine !

## 2

*Assumez d'agréables responsabilités*

Décider de vous aimer signifie que vous prenez en main votre bien-être et que vous cessez de fonder sur les autres des espoirs inutiles. Cela vous apportera une légèreté nouvelle, et la vie vous soutiendra dans cette démarche !

## 3

*Il y a suffisamment d'amour pour tous*

Une erreur répandue consiste à penser que la vie consiste à recevoir de l'amour de l'extérieur. Sur le chemin de l'amour de soi, vous découvrirez que vous pouvez recevoir suffisamment d'amour à chaque moment et partout – en vous et autour de vous.

## 4

*Changez votre programmation*

S'aimer est bien plus qu'une idée, il s'agit bien plutôt d'un état d'esprit durable et très efficace. Afin que le fait de vous aimer exerce un changement positif sur tous les plans, entraînez-vous *tous les jours*. Vous verrez – c'est nouveau et en même temps très agréable. C'est en forgeant qu'on devient forgeron : vous pouvez ainsi peu à peu changer vos anciens programmes sur les plans émotionnel, conscient et physique.

## 5

*Démasquez votre détracteur intérieur*

La plupart d'entre nous entendons des voix intérieures qui nous critiquent et nous condamnent. Notre détracteur intérieur est né dans notre enfance pour, à l'époque, nous éviter de commettre des erreurs. Aujourd'hui, il nous sert souvent moins. Observez-le simplement en étant conscient qu'il n'est qu'une partie de vous. Il perdra ainsi de son influence.

## 6

*Observer et sentir vous amènent dans l'ici et maintenant*

Pour se rapprocher de soi-même, il est très important de se percevoir dans le moment présent. La clé pour y parvenir est son propre corps. Asseyez-vous, le dos bien droit, posez vos pieds sur le sol et fermez les yeux quelques minutes. Sentez votre corps, percevez vos pensées et vos sentiments. Observer de façon neutre se révèle bien plus utile que juger.

*Chapitre 2*

# Me dire « oui » à moi-même : une nouvelle sorte de contact

## *Dans ce chapitre, vous apprendrez :*

★ pourquoi une gestion aimable de vos sentiments favorise l'amour de soi ;

★ comment s'y prendre avec vos besoins, vos limites et votre espace ;

★ comment dire « oui » et « non » de façon authentique ;

★ ce qu'apporte l'estime de soi.

# L'OMBRE ET LA LUMIÈRE

Il est relativement facile de s'aimer soi-même quand le soleil brille en nous et à l'extérieur. La joie, le succès et une aura positive sont agréables, et nous pensons, parce qu'ils sont aussi bien accueillis par les autres, qu'ils nous rendent sympathiques. Nous nous préférons aussi nous-mêmes quand nous sommes de bonne humeur et que nous maîtrisons notre vie avec succès. Quand des nuages s'élèvent dans le ciel de nos sentiments, nous aimer devient en revanche plus difficile – mais aussi plus intéressant.

*Comment vous traitez-vous quand vous vous sentez triste ou furieux ? Comment parvenez-vous à accepter vos côtés d'ombre et à faire preuve à cet égard de bienveillance envers vous-même ? C'est précisément ici que se cache la clé menant à l'amour de soi véritable.*

## ME DIRE « OUI » À MOI-MÊME

Les périodes bonnes comme les périodes mauvaises font partie de la vie, de même que le soleil et la pluie font partie du temps. Il en va de même avec les sentiments agréables et désagréables, que chacun de nous connaît, avec les forces et les faiblesses, avec tous les côtés clairs et sombres de notre personnalité. La vie entière se constitue de polarités, et chaque contraire possède sa signification. Que serait le jour sans la nuit ? À quoi ressemblerait le monde sans la différence sexuelle ? Ou bien : la joie intense existerait-elle si la vie n'était pas aussi parfois intensément triste ?

## Les contraires rendent l'existence vraiment vivante.

En tant qu'êtres humains, nous avons la particularité de vouloir tout évaluer et de trier les choses selon les critères « bon » et « mauvais ».
Cette tendance nous aide parfois, mais en ce qui concerne notre amour de nous-mêmes elle nous met souvent des bâtons dans les roues. La loi qui se cache derrière cette question est très simple :

*Plus nous nions et combattons fortement une chose en nous, plus nous élaborons une résistance qui nous bloque. Plus nous voulons nous défaire d'une chose, plus elle restera en nous.*

C'est pourquoi l'acceptation bienveillante constitue le meilleur chemin pour trouver l'harmonie en soi-même. Il y a certaines choses que nous ne pouvons simplement pas changer, mais nous devons nous entraîner à les accepter.
Nous nous rapprochons ainsi encore un peu de l'amour de soi.

Plus simple à dire qu'à faire ? C'est vrai. Mais croyez-moi, ce sont les petits pas qui vous mèneront au but.
Il n'est pas rare qu'un trésor se cache là-bas, que nous ne pouvons découvrir que si nous nous occupons de son aspect peu apprécié.

*Êtes-vous prêt pour une petite expérience ? Il s'agit de comprendre comment se manifestent en vous le « oui » et le « non ».
Mettez un instant le livre de côté, faites une pause et fermez les yeux. Dites-vous « oui » en votre for intérieur et observez ce qui se passe en vous. Comment réagissez-vous physiquement et émotionnellement ? Peut-être éprouvez-vous un sentiment de douceur, de liberté ou autre...
Répétez ensuite le même scénario en vous disant « non ».
Que ressentez-vous alors ?
Soyez curieux et faites attention désormais à la manière dont vous réagissez physiquement aux décisions de dire « oui » ou « non ». Prenez en particulier le temps de comprendre comment se manifestent en vous le « oui » et le « non ».*

# CULTIVER MES RESSOURCES

Une certaine assurance facilite le fait de s'accepter et de se dire « oui ». La conscience de toutes vos ressources – vos forces personnelles, les gens que vous aimez, les activités qui vous réjouissent – est comme un réservoir plein, qui offre l'énergie nécessaire à votre vie.
Cela vaut en particulier quand quelque chose « cloche » ou quand il est temps de vous accepter avec amour.

*Sur le chemin de l'amour de soi, il s'agit d'ouvrir votre cœur – à vous-même et à tous les cadeaux que la vie vous réserve chaque jour. Si vous mettez l'accent sur tout ce qui vous fait du bien et qui au quotidien vous remplit de gratitude, vous obtenez aussitôt plusieurs effets positifs :*

- Vous renforcez votre socle et prenez conscience de vos soutiens intérieurs et extérieurs.
- Vous faites « glisser » votre centre de la compassion de votre tête vers votre cœur.
- Vous obtenez l'énergie nécessaire pour guérir les obstacles (qui restent) entre vous et votre amour de vous-même.
- Votre conscience se concentre sur la qualité de la quantité, et non sur le manque.
- Votre humeur s'améliore.
- La reconnaissance renforce même votre système immunitaire et exerce un effet positif sur votre système cardio-vasculaire.

*Les ressources constituent des réservoirs émotionnels. Le concept « ressource » vient du mot « source ». Imaginez tout simplement que tout ce qui peut vous procurer de l'énergie représente un réservoir nécessaire pour votre santé et votre bien-être : votre famille, la nature, le sport, votre hobby préféré, votre créativité... et bien sûr un délicieux repas.*
*Vous devez aussi prendre de l'essence, plus ou moins souvent selon les cas, sinon votre voiture tombera en panne à un moment ou à un autre. Veillez à ce que le voyant de votre « réservoir de ressources » soit toujours vert et faites bien attention à vous !*

# ÉPROUVER DE LA RECONNAISSANCE

L'effet d'un mot, quand on l'écrit, est étonnant ! Notez ci-dessous tout ce qui, dans votre existence, vous procure de la force et de la joie, et ce pour quoi vous éprouvez de la gratitude. Incluez dans votre réflexion tous les domaines de votre vie, et n'oubliez aucun détail !

## LES SOURCES DE MA FORCE

*Quelles sont mes principales sources d'énergie ? D'où vient ma force ?*

## MES RESSOURCES

*Je dresse la liste de toutes les choses qui me font du bien (par exemple : mes hobbies, mes amis, la nature, l'art...).*

## MES SOUTIENS

*Envers qui est-ce que j'éprouve ou ai-je éprouvé de la reconnaissance ? Sur qui puis-je compter ?*

# SOUHAITER LA BIENVENUE À MES SENTIMENTS

Que serait la vie sans la multitude de sentiments que nous éprouvons ? Que vous soyez cérébral ou non, émotif ou plutôt réfléchi, les sentiments sont les épices de la vie. Vous pouvez faire preuve d'une merveilleuse vivacité – parfois c'est le contraire, tout dépend de la manière dont on s'y prend avec vous.

*Après une crise personnelle, de nombreuses personnes découvrent une toute nouvelle qualité de joie de vivre et de gratitude – une exaltation que vous n'éprouveriez pas sans vos « creux » à vous.*

*Tout sentiment agréable a son opposé, que nous qualifions souvent de « sentiment négatif » et que nous rejetons. La tristesse est l'antithèse de la joie, la peur s'oppose à la qualité de confiance, et la haine est le contraire de l'amour. Avez-vous remarqué que les « bons » sentiments se manifestent surtout grâce à leur contraire ? Vous avez sans doute déjà pu constater combien une réconciliation après une dispute est merveilleuse, ou expérimenter le soulagement qui vous envahit sitôt reçue la bonne nouvelle que vous attendiez inquiet et tendu. Après un hiver long et rigoureux, le printemps est encore plus beau !*

## TOUS MES SENTIMENTS SONT LÉGITIMES

J'aimerais vous donner le courage d'accepter vraiment tous vos sentiments, la joie comme la tristesse. De la même manière que les saisons et le temps, chaque émotion a son bien-fondé et porte son message. Il n'est pas rare qu'un sentiment masque un besoin, qu'il faut prendre en compte.

*Dire « oui » à mes émotions a été, dans ma vie, le pas le plus important sur le chemin vers un plus grand amour de moi-même. Curieusement, c'est la pluie dont j'ai eu besoin, alors que j'avais commandé le soleil.*

Certes, il n'est pas toujours facile de dire « oui » à ses sentiments. Si vous parvenez, ne serait-ce qu'un peu, à souhaiter la bienvenue à un sentiment indésirable et à entrer en contact avec lui, vous faites quelques pas en direction de vous-même, et donc de votre amour de vous-même. Sur le plan physique, cela suppose que vous sentiez où se situe la tension ou le blocage, et de donner de l'espace à ce point, voire d'orienter votre souffle dans sa direction. Il se produit alors souvent une chose étonnante – il n'est pas rare qu'elle soit même l'exact contraire de ce que vous avez craint : le sentiment peut s'exprimer, il peut trouver une soupape. Vous avez peut-être besoin de pleurer ou bien de vous mettre en colère, mais dans tous les cas votre corps peut ainsi se décharger et se détendre. Éviter ses sentiments les fait paraître la plupart du temps pires qu'ils ne sont en réalité.
Éprouver des émotions, dans une mesure raisonnable, nous connecte avec notre cœur et nous permet de nous sentir entiers et plus vivants.

Si vous vous autorisez à éprouver vos sentiments de façon consciente et à les exprimer, vous pouvez résoudre des blocages. Cela aide à s'aimer.
Et la réciproque fonctionne également : si vous vous aimez vous-même, vos sentiments méritent d'être exprimés. Vous vous engagez physiquement et émotionnellement – le fondement d'un changement positif. Cet exemple d'une cliente qui découvrit sa rage illustre mon propos.

*Catherine, âgée d'une quarantaine d'années, est une « redresseuse de torts » sympathique et créative. Elle souhaite illuminer sa vie amoureuse : suite à une grosse déception, elle aspire de tout son cœur à une relation heureuse. Mais d'anciens sentiments remontent vite à la surface, tels que la douleur et la tristesse, qu'elle n'avait cessé d'éprouver au cours de sa précédente relation. Catherine cherche tout d'abord à éviter d'y prêter une trop grande attention, mais elle sent bientôt qu'elle se rapproche de ce qu'elle a déjà vécu. Quelque temps plus tard, elle me raconta qu'une énorme vague de rage l'avait envahie soudain, qui d'une part avait mis son corps en mouvement et d'autre part l'avait poussée à dresser un bilan clair de ses relations. Elle allait organiser sa vie différemment, et elle ressentait avec une évidence croissante qui lui faisait vraiment du bien.*
*Le fait d'oser par petits pas affronter ses sentiments, y compris les moins agréables, lui a permis de conquérir une nouvelle clarté et une nouvelle conscience d'elle-même.*

Nous pensons
trop
et nous sentons
trop peu.

Charlie Chaplin

# LA CARTE AU TRÉSOR DE MES SENTIMENTS

*Tous nos sentiments recèlent des trésors insoupçonnés, qui aimeraient nous faire avancer sur le chemin de l'amour de nous-mêmes. Mais nous ne pouvons les découvrir que si nous nous ouvrons au ressenti, chacun à sa manière et chacun à son rythme.*

Aux côtés de la joie et de la légèreté, les émotions comme la peur, la tristesse et la fureur sont autant de guides importants vers nous-mêmes. Si nous les sentons par l'affirmative, ces émotions peuvent se transformer et nous offrir l'énergie qu'elles contenaient auparavant. Voici quelques messages susceptibles de se cacher derrière les émotions fondamentales :

### *La fureur*

★ Un sentiment fort, qui peut vous aider à accéder émotionnellement à votre force. Nous évitons souvent la fureur, car, si elle s'exprime de façon non réfléchie, elle peut causer des dommages. Si en revanche vous vous autorisez à sentir de manière consciente votre fureur et sa légitimité, vous possédez en vous un moteur puissant, capable de rétablir votre équilibre intérieur. Ce point vaut particulièrement pour les personnes qui aiment se montrer désintéressées et gentilles et qui se tiennent souvent en retrait. Elles sont nombreuses à faire la découverte surprenante que, si elles s'expriment de façon appropriée, la fureur longtemps réprimée en elles* améliore considérablement leur rapport à elles-mêmes et peut finalement générer un sentiment d'amour d'elles-mêmes.

### *L'amour*

★ Ce sentiment très noble nous indique si nous sommes ou non sur le bon chemin. L'amour génère franchise et connexion, avec nous-mêmes comme avec autrui. Même si nous ne le sentons pas toujours, il est bel et bien là – comme le soleil que nous ne voyons pas quand des nuages le cachent. Un orage aide parfois à éclaircir le ciel – autrement dit, la fureur aide à sentir l'amour à nouveau. Chacun de nous possède une boussole personnelle,

* L'auteur fait ici allusion à l'expression allemande « *eine Wut im Bauch haben* », qui signifie « avoir la haine ». Dans son sens courant, le terme allemand Wut se traduit par « rage » ou « fureur ». C'est ainsi que nous le traduisons dans ce paragraphe (NdT).

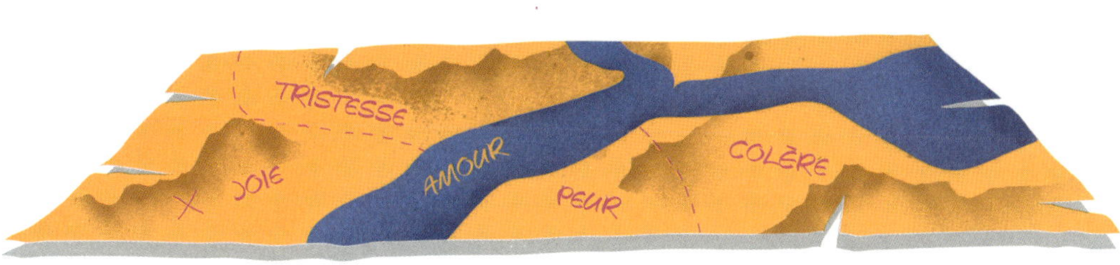


qui aimerait nous guider vers l'amour (de nous-mêmes) : il s'agit de notre cœur ! Un cœur ouvert et sensible est la première condition d'une vie heureuse et remplie, empreinte de compassion pour autrui comme pour soi-même.

### La tristesse

★ On évite souvent la peine, car on la relie à la gravité. Mais vous avez peut-être déjà éprouvé combien pleurer peut soulager ? Je compare volontiers les larmes à la pluie. La pluie nettoie, clarifie. Éprouver de la tristesse peut vous aider à soigner votre douleur, à vous aimer à nouveau et à faire preuve d'une sollicitude inédite envers vous-même. Ne fermez pas votre cœur pour le protéger, mais ouvrez-le en accordant une place à votre sentiment.

### La joie

★ La joie est si légère. Elle ressemble au carburant grâce auquel nous pouvons traverser allègrement la vie et qui confère une légèreté à nous-mêmes, à notre métier et à nos relations. La joie vient du fait de bien se sentir dans le moment. À cet instant, rien d'autre n'est important : dans des situations heureuses, nous sommes tout entiers dans l'ici et maintenant. Si votre vie manque actuellement de joie, s'occuper de votre tristesse peut vous aider. C'est seulement en disant « oui » à cette dernière que la joie peut retrouver sa place !

### La peur

★ Il est important de comprendre qu'en réalité notre organisme, grâce à la peur et à l'état d'alerte, cherche à nous protéger et à assurer notre survie. Dans la mesure où, à notre époque, nous avons perdu notre rapport à des réactions biologiques tout à fait naturelles – le combat, la fuite et la pétrification –, nous avons du mal à comprendre nos peurs. De plus, la peur a toujours une cause (parfois cachée), qu'il est important de découvrir. Au sens de l'amour de soi, il est utile de se représenter le petit enfant en soi. Quand un enfant a peur, il est évident que nous le consolons – alors pourquoi ne pas consoler le petit enfant en nous ?

### La confiance

★ Contrairement à la peur, la confiance paraît agréable et sûre. Le contrôle perd de son importance, si bien que nous pouvons lâcher prise, nous détendre et sentir la terre ferme sous nos pieds. La confiance nous offre appui et sentiment de sécurité. En rapport à l'amour de soi, la confiance en nos propres capacités est particulièrement importante. Prenez conscience de tout ce que, dans votre vie, vous avez déjà mis sur les rails !

# SENTIR MES PROPRES BESOINS ET VIVRE

*S'aimer soi-même signifie être conscient de ses besoins et prendre soin de soi-même. J'aimerais ici vous inviter à étudier cette question de près. En effet, en cette époque où les choses doivent aller si vite, nous ne prenons souvent pas le temps de sentir ce dont nous avons vraiment besoin.*

En tant que thérapeute par le sport, j'ai accompagné durant de nombreuses années des patients souffrant de problèmes de disques intervertébraux. Leur dos douloureux les avait provisoirement « mis hors circuit ». Dans la plupart des cas, ces personnes se révélaient débordées et malheureuses sur les plans professionnel et privé. Mais elles n'envisageaient nullement de modifier leurs conditions de vie et d'assurer ainsi leur bien-être. Leur corps prenait alors le commandement et exprimait leur besoin de se décharger. Une fois que les personnes concernées s'en rendaient compte, elles se portaient pour la plupart bien mieux.
Il nous arrive de ne pas percevoir nos propres besoins car ces derniers ont toujours manqué de place. Ils se cachent sous une couche de sentiments refoulés qu'il serait salutaire d'entendre, car ainsi notre véritable besoin pourrait être mis en lumière. La fureur peut par exemple cacher le besoin de limites saines, ou la douleur peut cacher le souhait d'une présence et d'un soutien.
*Un amour de soi grandissant permettra de percevoir plus clairement vos sentiments et de toujours mieux reconnaître vos besoins dans le miroir de vos semblables.*

## DE QUOI AI-JE BESOIN ?

Au quotidien, nous passons souvent outre nos propres besoins pour nous rendre agréables aux autres : notre conjoint, notre chef, notre famille. Une telle attitude est respectable, mais, en ignorant votre voix intérieure, vous ne vous accordez pas assez d'importance à vous-même ! Le fait d'examiner ce qui se passe vraiment pour soi et de l'exprimer a un rapport avec la valeur de soi.
Soyez donc prêt à partir de maintenant, à écouter en cachette votre moi profond et à répondre de vos besoins : sur les plans professionnel comme privé, en ce qui concerne l'activité comme le calme, physiquement comme psychiquement.

# DE QUOI AI-JE BESOIN EXACTEMENT ?

Notez tout ce qui vous vient à l'esprit, et soyez honnête avec vous-même – en particulier concernant les aspects que vous avez peut-être négligés jusqu'à présent.
Demandez-vous aussi à quel degré vous voudriez voir chaque besoin satisfait.

## MON CORPS

*Pour me sentir bien physiquement, j'ai besoin de :*

## MES LOISIRS

*Pour me sentir bien dans mon temps libre, j'ai besoin de :*

## MON MÉTIER

*Pour me sentir bien professionnellement, j'ai besoin de :*

## MES RELATIONS

*Avec les autres, j'ai besoin de :*

# DÉFINIR MES LIMITES

*S'aimer soi-même signifie aussi connaître ses propres limites et les défendre, doucement mais sûrement. C'est ainsi que vous obtiendrez assez d'espace, que vous vous sentirez bien et en sécurité. À l'inverse, franchir ses limites génère un malaise, voire un danger.*

Pensons simplement aux différends et aux guerres : dans de nombreux cas, il est question de conflits de frontières et de maintien de sa propre position. Les animaux également défendent leurs frontières.

Des frontières saines constituent un besoin élémentaire, et il est tout naturel de les garantir.

Pourquoi tant d'hommes ont-ils du mal à tracer leurs frontières ? Ou à prendre conscience des frontières de leurs voisins ? Eh bien, parce que chacun apporte bien entendu avec lui ses « expériences limites » personnelles et attire souvent dans sa vie future des expériences similaires. Une personne dont les limites ont sans cesse été franchies au cours de son processus de développement par exemple n'a jamais pu, de sa propre perception, acquérir une légitimité à dire « non ». Mais de même que nous pouvons apprendre à nous aimer nous-mêmes, nous sommes en mesure de gérer de façon réfléchie nos limites, par exemple grâce à une perception améliorée de nous-mêmes et grâce à un « oui » et à un « non » authentiques. Dans cette perspective, il est important de prendre conscience de la chose suivante :

*Si, pour faire plaisir à autrui, nous franchissons en permanence nos propres limites, nous estimons le besoin de l'autre supérieur au nôtre et nous nous nuisons à nous-mêmes.*

## DIRE « OUI » ET « NON »

Pour expliquer ce point, Virginia Satir, thérapeute familiale réputée, emprunta l'image d'un médaillon, que vous pouvez, en pensée, porter autour du cou. Sur une face du médaillon, on peut lire, gravé en de très beaux caractères :

*« Oui. Merci de m'avoir respecté. Ce que tu attends de moi tombe parfaitement bien, d'où ma réponse. »*

Sur l'autre face est écrit :

*« Non. Merci de m'avoir respecté, mais ce que tu me demandes n'est pas du tout possible pour le moment, d'où ma réponse. »*

Selon votre vérité intérieure, vous pouvez en pensée tourner le médaillon comme il vous convient et ainsi exprimer votre impression avec authenticité. Si vous dites un « non » honnête à votre vis-à-vis, vous donnez votre parole – le « oui » sur le médaillon va également dans votre direction.

## DES LIMITES SAINES

- Entre les personnes : si quelqu'un fait preuve à votre égard d'une trop grande curiosité, a un comportement envahissant ou s'ingère dans vos affaires, n'hésitez pas à prendre vos distances dans l'intérêt de votre amour de vous-même.

- Le contact physique : dans l'intérêt de votre bien-être, qui a le droit de s'approcher de vous et comment ? Par exemple : qui pourrait vous prendre dans ses bras et avec qui préféreriez-vous en rester à une poignée de main formaliste ?

- Vos contraintes personnelles maximales : osez-vous dire quand c'est trop pour vous ? La prochaine fois qu'une telle situation se présentera, rappelez-vous votre amour de vous-même, et prenez soin de vous.

- Vos frontières spatiales : elles sont importantes et justes. On voudrait parfois fermer la porte pour être au calme. La clôture entre votre jardin et celui de votre voisin est légitime également.

# ME LAISSER DE L'ESPACE

*De même que vous avez le droit d'établir vos limites personnelles, vous pouvez vous accorder l'espace dont vous avez besoin. L'amour de soi peut se déployer si vous avez assez de place dans votre vie pour vous sentir bien et vous exprimer.*

Imaginez que vous êtes assis dans l'avion : il est sans doute plus agréable de voyager en classe affaires, où l'on peut s'allonger, qu'en classe éco, où les passagers sont entassés dans un espace étroit, collés les uns aux autres.
La nécessité d'avoir son propre espace se retrouve encore une fois à tous les niveaux : chaque personne a besoin d'espace pour s'épanouir, sur les plan physique et émotionnel, pour assurer son équilibre ou sa créativité. L'espace personnel possède bien entendu aussi ses limites : là où commencent celles des autres ! De nombreuses personnes n'ont pas du tout l'habitude de revendiquer un tel territoire pour elles-mêmes. Si vous êtes plutôt de nature un peu timide ou modeste, vous vous demandez peut-être si ce territoire vous revient vraiment ? Oh que oui ! Souvenez-vous du slogan cité au premier chapitre : vous « valez bien » de prendre votre place, d'une façon saine et appropriée.
Si vous exprimez avec tact votre besoin d'espace et de frontières, vous percevrez un besoin analogue chez autrui et sentirez quand le vôtre ne convient pas à votre vis-à-vis.

*Dans l'intérêt de l'amour de soi, offrez-vous votre propre classe affaires : définissez l'espace physique et émotionnel dont vous avez besoin.*

L'histoire d'Angélique illustre bien cette idée. Elle approchait de la soixantaine quand elle participa à l'un de mes cours de relaxation. Elle soignait son mari malade depuis des années et voulait accomplir une chose pour elle-même – presque pour la première fois de toute sa vie. Parallèlement à sa vie privée, qui la poussait souvent aux limites de sa résistance et qui laissait peu de place à ses propres besoins, sur le plan professionnel elle se sentait mal et très à l'étroit dans son service.

De son propre témoignage, la simple évocation de sa situation en cours la soulagea, et quand peu après elle changea de service elle put respirer sur les plans physique et psychique. Elle avait finalement conquis l'espace nécessaire à son équilibre intérieur et extérieur, et elle put faire des pas importants en direction de la sollicitude envers elle-même.

## MON ESPACE PERSONNEL REVÊT DE NOMBREUX VISAGES

*Dans toute l'acception du terme*

★ La plupart des enfants sont contents d'avoir leur propre chambre, où ils peuvent s'« étaler ». Cela fait du bien aussi aux adultes d'avoir une petite place qui n'appartient qu'à eux. Disposez-vous d'un tel endroit pour vous-même ?

*Dans la conversation*

★ Grâce à l'attention qu'il vous porte, un bon auditeur vous offre de l'espace pour vous exprimer. Et inversement bien entendu ! Qui, dans votre vie, vous donne cet espace ?

*Dans une relation*

★ Le besoin d'espace diffère bien sûr d'une personne à l'autre. L'une a besoin de plus d'espace (libre), l'autre moins. Exprimez l'espace dont vous avez besoin pour vous sentir bien. La relation à vous-même et à votre conjoint se présentera sous un jour d'autant meilleur que ce besoin sera comblé.

*Au travail*

★ La plupart d'entre nous y passent une grande partie de leur temps. En général, avoir un bureau à soi et éprouver le sentiment de disposer d'un espace d'action et de décision augmentent le bien-être et la productivité. Vos conditions de travail vous laissent-elles la possibilité de vous exprimer ?

*De nombreuses personnes arrivent à offrir de l'espace à autrui, grâce à l'écoute, à la tolérance et à la compréhension. Le « type du donneur » classique a en revanche souvent plus de mal à comprendre comment prendre de la place. Quand vous pensez, en ce qui concerne l'amour de soi, à l'équilibre entre « donner » et « prendre », je voudrais vous encourager à vous entraîner à accepter ce qui est bien.*

# L'AMOUR DE SOI EN ACTES

## *Trucs et astuces*

*Les astuces que voici pourront vous aider à être d'une manière ou d'une autre aimable envers vous-même au quotidien et à vous traiter volontairement, vous-même ainsi que vos besoins, avec respect.*

### *Bienvenue*

★ Pour vous souvenir de temps en temps au quotidien de vous dire « oui », vous pouvez poser un instant la main sur votre cœur : sentir, être présent, percevoir votre corps avec bienveillance. Respirez ensuite profondément et souhaitez en votre for intérieur la « bienvenue » à tout ce qui pourrait être là.

### *Des aide-mémoire quotidiens*

★ De petits rappels vous aident à être aimable au quotidien avec vous-même et à garder en permanence sous les yeux votre résolution de vous aimer davantage. Dans cette perspective, des remarques pratiques, auxquelles vous vous frottez plusieurs fois par jour, peuvent se révéler utiles. Que diriez-vous par exemple de coller un smiley sur le miroir de votre salle de bains ou sur l'ordinateur de votre bureau ? Un petit talisman dans votre poche de pantalon ou dans votre sac à main – une pierre précieuse en forme de cœur, par exemple – peut aussi vous rendre service.

### *Voir les sentiments comme des amis*

★ Au lieu de combattre vos sentiments, faites-vous-en des alliés. Vous gagnerez ainsi une nouvelle énergie et n'aurez plus besoin de vous donner du mal pour les refouler. Dites par exemple : « Salut fureur, c'est bien que tu sois là et que tu me donnes la force de changer » ; ou bien : « Bienvenue tristesse, merci de m'aider à clarifier ce qui est dans mon cœur. »

### *Les affirmations*

★ Trouvez trois phrases positives qui résument pour vous l'amour de soi, la confiance en soi et l'estime de soi. Il est important que leur formulation soit simple et actuelle et que ces phrases vous correspondent, personnellement. Dites-vous plusieurs fois par jour vos formules bien à vous, en particulier au réveil et au coucher. Vous pouvez aussi les écrire, les visualiser ou les exprimer de l'une ou l'autre manière créative.

### *Visualiser vos limites*

★ Si vous avez besoin de prendre vos distances avec une personne qui ne vous fait pas de bien, essayez la chose suivante : réfléchissez au genre de limites que vous aimeriez ériger – peut-être une vitre teintée, un mur de pierres ou encore une clôture. La prochaine fois que cette personne sera présente, activez votre protection imaginaire. Vous serez stupéfait de l'efficacité du processus !

### *Les fiches bristol*

★ Écrivez des messages aimables et positifs sur une petite fiche bristol et, chaque matin, tirez-en une au hasard pour en faire votre devise du jour. Ces messages doivent souligner ce qui vous plaît chez vous, mais ils peuvent tout à fait aussi vous faire rire. Voici quelques suggestions :

»——› Aujourd'hui, c'est un jour VIP – que puis-je faire pour toi ?

»——› Mon nouveau régime : les commentaires valorisants sont permis sans limites ; merci d'éviter toute condamnation de soi.

»——› Bonjour ! T'ai-je déjà dit combien tu es un homme (une femme) extra, intelligent(e), fort(e), chaleureux(euse), doué(e) ?

»——› Étonnant ! C'est parce que nous nous connaissons déjà depuis longtemps que nous nous comprenons toujours mieux !

»——› Salut ! Tu es joli(e) – puis-je t'inviter à dîner ?

*Un journal intime de la reconnaissance vous aide à vous exercer chaque jour à l'estime de soi. Votre amour de vous-même peut ainsi grandir : d'une part car vous faites attention à ce qui est bon pour vous, d'autre part car votre positionnement change. Si vous prêtez attention à la qualité de l'estime de soi en vous et à l'extérieur, il sera automatiquement plus simple pour vous de reconnaître les cadeaux de la vie et de percevoir vos talents individuels. Le soir, estimez toutes les choses, grandes et petites, qui au cours de la journée écoulée vous ont paru positives. Les noter par écrit est encore plus efficace qu'y penser simplement – voyez votre journal intime de la reconnaissance comme des devoirs vraiment amusants à faire.*

# PRATIQUER L'ESTIME DE SOI

*L'estime de soi est un sentiment merveilleux, qui s'apparente à l'amour de soi. C'est pourquoi l'estime de soi-même et l'estime d'autrui sont étroitement liées ! Laissez-moi vous expliquer mon idée :*

Chacun de nous se réjouit qu'autrui lui manifeste de l'estime. Cela répond à des besoins humains élémentaires : le respect, voire la considération et la reconnaissance. Plus encore, être estimé nous permet de grandir personnellement, tout comme une plante peut fleurir si elle est bien soignée.
Dans nos relations et sur le plan professionnel, l'estime semble malheureusement souvent négligée. J'ai fréquemment entendu la phrase suivante : « Mon ou ma conjoint(e)/ Mon chef ne voit pas tout ce que j'accomplis. J'aimerais enfin être plus reconnu(e) et estimé(e). » C'est tout à fait compréhensible, mais qu'en est-il de la reconnaissance envers vous-même ?

*Commencez dès aujourd'hui à vous offrir de tout cœur à vous-même reconnaissance et estime de soi, y compris pour des bricoles.*

Au quotidien, prononcez de temps à autre en votre for intérieur de petites phrases valorisantes, comme « Je me suis bien débrouillé(e) cette fois » ou « Je suis vraiment un collègue attentif », et rendez hommage avec bienveillance à vos qualités et à vos talents.
Par rapport à l'amour de soi, je conseille, dans la pratique de l'estime de soi, de moins vous concentrer sur les succès d'apparence prestigieuse, encore une fois liés à l'extérieur.

*Découvrez plutôt dans votre moi profond les nuances subtiles qui réclament votre attention.*

Prenons un exemple : n'attachez pas en premier ressort votre valeur au chiffre d'affaires que vous avez réalisé dans le mois, mais reconnaissez avant tout combien vous vous êtes bien occupé émotionnellement de vous-même et de vos besoins intérieurs. Ainsi, votre amour de vous-même grandira.

*Commencer à vous estimer chaque jour pour ce que vous faites ne vous affranchit pas seulement de la reconnaissance extérieure. Vous construisez aussi la base qui permettra à autrui de vous percevoir différemment et de vous renvoyer le reflet d'une considération positive.*

## QUELQUES « RECETTES » POUR L'ESTIME DE SOI

### ★ *Cultiver votre estime envers vous-même*

Pourquoi ne pas en faire un rituel quotidien ? Le soir, passez la journée en revue et témoignez d'une reconnaissance aimable envers vous-même pour tout ce qui vous paraît avoir de la valeur.

### ★ *Exprimer votre estime envers les autres*

Exprimer son estime est tout aussi bien que la recevoir. Je trouve qu'on se montre là bien trop avare. Pourquoi donc ? Exprimez-vous simplement, quand vous admirez quelqu'un pour quelque chose ou quand un détail particulier vous frappe chez autrui. Vous enrichirez ainsi non seulement la journée de la personne concernée, mais aussi la vôtre. Ce que vous donnez vous sera tôt ou tard rendu.
Votre interlocuteur aura en particulier du plaisir à écouter pourquoi telle chose vous plaît, par exemple « J'aime les couleurs que tu portes aujourd'hui. Cela me rend vraiment joyeux de te voir », ou « Je me réjouis que nous travaillions ensemble. Je vais apprendre énormément de choses ».

# UN RENDEZ-VOUS AVEC MOI-MÊME

*Exercice*

*Avez-vous envie de prendre rendez-vous avec vous-même ? Cela vous paraît inhabituel ? Vous ne voudrez bientôt plus y renoncer !*

Un rendez-vous hebdomadaire ou au moins mensuel avec au programme une activité motivante, avec un objectif précis qu'on aime, contribue grandement au développement positif de soi. Il s'agit dans ce cas de cultiver le soin de soi-même et de le rendre toujours plus évident. Passez du temps avec vous-même et faites une chose que vous aimez. Il est très important de prendre ce *date* – ce temps avec vous-même – aussi au sérieux qu'un rendez-vous professionnel. Idéalement, notez ce rendez-vous de façon ferme et définitive dans votre agenda et planifiez déjà les rendez-vous des mois suivants.

Tâchez de n'avoir aucun empêchement – il s'agit de votre propre bien-être.

## LE RENDEZ-VOUS, EN PRATIQUE

Bien entendu, vous préparerez soigneusement chaque rendez-vous. Réfléchissez quelques jours à l'avance à une activité qui fait bondir votre cœur de joie. Voici quelques exemples qui se prêtent à un rituel d'amour de soi :

- une agréable soirée chez vous, avec un délicieux repas aux chandelles ;
- quelques heures de soins dans un spa, avec sauna et massage ;
- un moment dans votre café préféré ;
- une excursion dans un endroit où vous avez toujours rêvé d'aller ;
- une randonnée avec un pique-nique préparé avec amour.

Au cours de ce rendez-vous avec vous-même, vous pouvez faire ce que vous voulez et arrêter comme bon vous semble, sans vous conformer à rien d'autre qu'à vos propres souhaits. Cette idée vous plaît-elle ?

Si vous prêter une telle attention rend au début le processus inhabituel, ne quittez pas des yeux le principe même de l'estime :

*Vous avez mérité ce temps et vous pouvez maintenant faire une chose vraiment bien!*

Sentez-vous digne de ne rien laisser vous distraire de vous-même. Éteignez votre portable et informez votre conjoint et vos enfants de votre projet.

Quand vous organisez votre rendez-vous, rappelez-vous simplement ce conditionne la réussite d'un rendez-vous classique. Soyez tout aussi attentif que si vous aviez rendez-vous avec une personne dont vous êtes amoureux.

Quel gâteau commanderiez-vous dans un café ? Quel plat voudriez-vous déguster ce soir ? Si vous êtes d'accord, fermez pour une fois les yeux sur les calories que vous consommez. Il y va de votre plaisir, qui doit être prioritaire aujourd'hui.

*Un bon rendez-vous sera parachevé par un adieu aimable : cherchez à savoir quel bien vous ont apporté les heures écoulées, et promettez-vous de renouveler bientôt ce rituel.*

# DÉCOUVRIR LE « OUI » QUE JE ME DIS À MOI-MÊME

## 1

*Avoir le droit d'être vous-même*

Tout le monde aimerait se sentir accepté tel qu'il est. Dans cette perspective, commençons avec nous-mêmes ! En vous souhaitant intérieurement la « bienvenue », vous pouvez toujours plus vous sentir, en votre for intérieur, chez vous. Un « oui » quotidien prononcé à soi-même contribue sur le plan physique comme sur le plan émotionnel à une attitude détendue. C'est bien plus sain que de se révolter contre soi-même – essayez donc pour voir !

## 2

*Gérez vos sentiments avec conscience*

Découvrez la richesse et les messages de vos sentiments.
Dans cette perspective, il est utile que vous embarquiez avec vous toutes vos émotions à égalité dans le même bateau. En effet, aux côtés des émotions agréables, comme l'amour et la joie, des émotions comme la fureur et la tristesse sont légitimes elles aussi et aimeraient être perçues. Elles cachent souvent des besoins non comblés, qui veulent être vus.

## 3

*Occupez-vous de vos besoins*

Sur le chemin vers l'amour de soi, vous sentirez toujours plus clairement quels sont vos véritables besoins – à tous égards. Prenez le temps de les regarder avec honnêteté, au lieu de les balayer du revers de la main. Soyez digne de répondre ouvertement de vous-même. S'aimer soi-même signifie bien s'occuper de soi.

## 4

*Définissez vos limites*

Se dire « oui » à soi-même suppose parfois de dire « non » à la personne qui se trouve en face de soi. De saines frontières donnent un sentiment de sécurité et permettent de rester « chez soi ». Travaillez à définir quelles sont vos limites personnelles – avec vous et les autres, physiquement, en termes de contraintes maximales. Pouvoir poser ses limites est l'expression d'un amour de soi sain et signifie que vous vous prenez vous-même au sérieux.

## 5

*Donnez-vous de l'espace*

Tout homme a besoin d'espace pour s'épanouir. Faites un peu l'expérience de votre besoin en espace (libre). Veillez à vos limites en même temps qu'à celles des autres. Osez calmement revendiquer de l'attention pour vous-même.

## 6

*Estimez-vous*

La reconnaissance bienveillante est le baume de l'âme. Ce point vaut pour vous-même tout comme pour tout ce que vous découvrez à l'extérieur. Si vous vous entraînez consciemment à estimer vos semblables, votre environnement et à vous estimer vous-même, vous ferez automatiquement partie du camp des vainqueurs.

*Chapitre 3*

# Le temple de l'âme : apprendre à aimer mon corps

## *Dans ce chapitre, vous apprendrez :*

- ★ comment placer votre sentiment de bien-être intérieur au-dessus des idéaux extérieurs de beauté ;

- ★ comment accueillir d'une nouvelle manière votre reflet dans le miroir ;

- ★ comment vous sentir toujours plus à l'aise dans votre corps ;

- ★ comment voir votre corps comme le temple de l'âme.

# ME LIER D'AMITIÉ AVEC MON CORPS

*Notre corps nous porte à travers la vie. Grâce à lui, nous pouvons nous déplacer, nous exprimer, nous rencontrer. Il nous permet une grande variété de sentiments et d'expériences sensorielles, du rire aux larmes, de l'extrêmement agréable au terriblement douloureux. Seul le corps rend la vie possible – difficile aussi parfois.*

Le rapport que nous entretenons avec notre propre corps peut être aussi varié qu'il y a de moyens différents d'en faire l'expérience, en particulier à notre époque caractérisée par l'aspect visuel. La publicité, le cinéma et la télévision nous montrent tous les jours des idéaux excessifs de beauté, les castings promettent gloire et reconnaissance à leurs candidats, pour peu que ces derniers soient plus beaux que la moyenne. Il est à peine surprenant que les gens soient peu nombreux à être satisfaits de leur physique. Des études montrent que la plupart d'entre nous se sentent insatisfaits de leur corps par un aspect au moins.

*Si vous vous révoltez çà ou là contre votre physique, soyez rassuré, il en va de même pour la plupart d'entre nous!*

Pour les deux sexes, les questions du poids et du ventre occupent la première place sur l'échelle de l'insatisfaction, alors qu'environ 50 % des femmes et 40 % des hommes qui se croient gros ont en réalité un poids sain.

Il faut souvent distinguer l'image que nous avons de notre corps et la perception qu'en ont les autres : les petits défauts, presque invisibles pour autrui, dominent notre représentation et rongent notre amour-propre. Il en va ainsi de Christine, qui souffre depuis longtemps de son nez pas tout à fait parfait. « J'avais vraiment l'impression que cela me représentait tout entière. J'imaginais que chaque personne percevait tout de suite ce défaut chez moi. Mais c'était faux. »

## DÉVELOPPER UN NOUVEAU POSITIONNEMENT

Se positionner différemment aide à entretenir un rapport d'amitié avec son propre corps. Demandez-vous :

- Qu'est-ce qui me plaît en moi ?
- Qu'est-ce que je trouve tout à fait en ordre ?

Affranchissez-vous un peu de l'apparence et du fonctionnement idéaux de votre corps que vous impose l'extérieur. En effet, vous n'avez aucune influence sur ces idées – mais vous en avez sur la manière dont vous vous voyez ! Au lieu de vous comparer, tâchez de découvrir le caractère unique qui sommeille dans votre corps. Si vous vous tournez avec précaution et bienveillance vers ce que vous ressentez intérieurement et extérieurement comme étant agréable ou beau, une relation tendre avec votre corps se construira pas à pas.

## ÊTRE SATISFAIT MALGRÉ LE HANDICAP

Des restrictions acquises ou non modifiables peuvent aussi limiter le fait d'être en accord avec son propre corps. Des stigmates et des handicaps ne peuvent en général plus être annulés et représentent un défi pour qui veut s'accepter et tirer le meilleur parti de la situation. Ce n'est pas simple, mais c'est tout à fait possible.

*Je me rappelle volontiers Hugo, un homme sportif approchant de la cinquantaine, qui venait régulièrement au centre de rééducation dans lequel je travaillais. Un grave accident l'avait rendu paraplégique et Hugo ne pouvait se déplacer qu'en fauteuil roulant. On aurait compris que trop bien qu'il soit déprimé, mais c'était tout l'inverse. Malgré son handicap, il entraînait, avec une motivation forte et avec gratitude, tous les muscles de son buste et se réjouissait de chaque petit succès. J'avais l'impression que, grâce à son accident, il avait appris à apprécier sa vie et son corps d'une manière toute particulière.*

*Si votre corps vous fait beaucoup souffrir, si vous avez peut-être déjà développé des symptômes tels que des troubles du comportement alimentaire ou une dépression, n'hésitez pas à demander de l'aide. Cela peut vous encourager à faire preuve de plus de douceur et de bienveillance envers vous-même !*

# MIROIR, Ô MON MIROIR

*Exercice*

*L'exercice suivant me tient particulièrement à cœur, car il est très puissant. Il vous aidera à vous sentir vous-même et à vous approcher vraiment de votre moi profond.*
*Si vous commencez à vous aimer vous-même, vous vous verrez différemment dans le miroir. Rien à voir avec le fait de vous être maquillé ou de vous être brossé les dents. Vous vous percevrez dorénavant avec une plus grande conscience – exactement comme vous êtes. Je vous invite à consacrer chaque jour quelques minutes à un petit rituel. Cette démarche peut déclencher, en peu de temps, des changements positifs.*

## LE NOUVEAU REGARD

★ Regardez-vous dans le miroir, avec conscience et bienveillance. Examinez vos yeux. Quelle expression y reconnaissez-vous ? Les yeux sont les fenêtres de l'âme – si vous gardez un moment le contact visuel, dites-vous gentiment « Salut ». Essayez de vous rencontrer vraiment, comme un ami que vous n'avez pas vu depuis longtemps et dont vous voudriez prendre des nouvelles. Dites-vous à vous-même (à haute voix ou à voix basse) : « Bienvenue ! C'est bien que tu sois là ! »

★ Continuez de fixer votre reflet, même si vous avez envie de détourner les yeux ou d'émettre un jugement. Observez ce qui se passe en votre for intérieur. Toute une série de pensées vous vient peut-être à l'esprit, ou bien certains sentiments vous envahissent. Ne les ignorez pas, mais ne leur accordez pas non plus trop de considération, car ils ne constituent qu'une partie de vous-même.
C'est vous qui êtes au volant et qui pouvez décider dans quelle direction porter votre attention. Continuez de contempler votre reflet.

★ Regardez vos joues, votre nez, vos oreilles et attardez-vous un moment sur chacun – peut-être remarquez-vous un élément auquel vous n'aviez encore jamais prêté attention ? Peut-être un éclat dans vos yeux, une adorable fossette ou quelque autre détail ? Prenez conscience de ce qui vous plaît dans votre visage.

★ Commencez à parler avec votre reflet. Cela peut sembler inhabituel au début, alors consacrez quelques phrases pour vous échauffer, la plupart du temps le résultat devient meilleur ensuite.

★ Si vous avez le sentiment d'avoir créé un bon contact avec vous-même, entamez une discussion positive. Repensez à votre grand ami, que vous aimez beaucoup et auquel vous voudriez remonter le moral. Trouvez les mots qui sonnent à vos oreilles comme étant des mots sympathiques, mais aussi réalistes. Vous pourriez par exemple dire : « Hep, j'aime bien tes yeux », ou « Sais-tu que tu t'es vraiment bien débrouillé(e) dans cette histoire ? Je suis fier(ère) de toi ». Ne tenez que des propos valorisants et sincères, et regardez-vous dans les yeux.

★ La voix de votre détracteur « visuel » intérieur s'insinue peut-être et murmure : « Oh mon Dieu, tu en as des rides », ou « Encore de nouveaux cheveux gris sur les tempes, achète-toi d'urgence une teinture pour les cacher ! ». Ne vous laissez pas intimider par ces bavardages intérieurs, mais ne les combattez pas non plus, car ce serait leur donner un pouvoir inutile. Poursuivez imperturbablement votre discussion positive. Trouvez vos mots valorisants à vous – pour chaque détail. Et répétez-les chaque jour. Observez ce qui se passe. Sans fard, ce rituel s'avère particulièrement efficace !

# LE CORPS COMME TEMPLE DE L'ÂME

*Notre corps ressemble en réalité à notre chez-nous. Si nous allons jusqu'à le considérer comme un « temple », notre rapport à lui témoignera d'une estime bien plus haute.*

Qu'est-ce qui vous permet de vous sentir vraiment bien dans votre corps ?
De quoi avez-vous besoin pour vous sentir en bonne santé, plein de vitalité et de dynamisme ? Libérez-vous des idées et des modes sur ce dont « on » aurait besoin et dont « on » se contenterait.
Chaque corps est unique, et ses besoins sont différents : l'un s'en sort avec six heures de sommeil, un autre ne se sent reposé qu'après en avoir dormi huit. L'un aime manger végétarien, l'autre pas du tout. Tandis que l'un a besoin de beaucoup de contact physique et de proximité, l'autre aime moins cela.

*Fiez-vous à la sagesse de votre corps et sentez-vous digne de suivre vos besoins et de les formuler clairement. Vous créez ainsi de meilleures conditions pour un équilibre physique et psychique.*

## AMÉLIORER MA PERCEPTION

Il est parfois important de faire une pause avant de percevoir à nouveau comment son propre corps se sent vraiment et ce dont il a besoin. Le temps, aujourd'hui, va si vite : les exigences variées et le stress font que nous sommes plus souvent à la maison dans notre tête que dans notre corps. Il n'est pas rare que ce dernier fasse remarquer d'autorité ce déséquilibre. Mais nous n'avons pas besoin d'aller jusque-là !
Mettez au point un rituel quotidien de pause et de perception. Il peut s'agir d'un exercice de détente que vous aimez et auquel vous conviez votre observateur intérieur.

## LE CORPS COMME INSTRUMENT DE VALEUR

Faites de votre corps votre allié. Il peut vous servir d'instrument expressif, qui vous rend attentif à vos perceptions intérieures, vos sentiments et votre intuition – ce n'est pas sans raison qu'on parle d'« intelligence du ventre ». Inversement, votre corps se tient

*Je trouve la combinaison du mouvement et de la méditation particulièrement utile pour sentir son propre corps. Cela ne demande pas beaucoup d'efforts mais se révèle très efficace : après un footing ou une séance du sport de votre choix, asseyez-vous le dos droit, fermez un moment les yeux et sentez simplement votre corps et votre respiration. Le sport permet de déplacer le centre de votre attention : de sentir au lieu de penser. En général, non seulement vous vous sentirez mieux, mais vous percevrez plus précisément ce qui se passe dans votre corps et ce dont vous avez besoin. Portez-vous à vous-même une attention bienveillante – si vous éprouvez une tension ou un pincement, orientez votre respiration dans sa direction ou posez votre main dessus.*

fidèlement à votre disposition pour que vous puissiez vous exprimer, vous déplacer et savourer la vie avec tous vos sens. L'étendue de ses capacités frôle même le miracle ! Réalisez que tous vos organes et vos sens, votre système nerveux, votre respiration et votre cœur œuvrent ensemble, guidés par un cerveau fantastique.

*Le fait de reconnaître combien votre corps est génialement conçu renforcera votre amour de vous-même.*

Votre corps garde également en mémoire votre vie entière : vos expériences agréables, mais aussi vos expériences désagréables ou carrément traumatisantes. Ces dernières peuvent de temps à autre provoquer des douleurs ou des blocages émotionnels ou physiques. Sentir son propre corps peut même faire peur. L'organisme ressemble dans ce cas à une maison qui ne serait pas complètement habitée. Recourir à un soutien professionnel, par le biais d'une physiothérapie ou d'une thérapie des traumatismes, peut vous aider à (re)trouver l'intégralité de votre énergie vitale, votre « maison » tout entière. Une expérience à l'origine douloureuse peut ici se transformer et vous procurer sur les plans physique et psychique une nouvelle joie de vivre et une nouvelle énergie.

*Ayez confiance quand de telles perceptions s'élèvent en vous – c'est un bon signe, qui signifie que votre corps et votre âme veulent guérir.*

## ENTRETENIR MA SANTÉ ET MON BIEN-ÊTRE

Quand un élément nouveau doit naître – en l'occurrence davantage d'amour de soi –, il est utile de commencer par ranger et par faire de la place, à tous égards. L'enseignement chinois de l'harmonie, le feng shui, part du principe que l'énergie vitale circule alors mieux. Cette affirmation vaut bien entendu aussi pour notre propre corps ! Une alimentation saine voire peut-être une cure détox font souvent des miracles.

*Sentez en vous-même ce qui vous fait vraiment du bien. Dites-vous que vous faites ainsi du bien à votre corps, votre ami fidèle. Vous gardez en quelque sorte votre temple clair et propre. Dans cette perspective, votre foie est primordial. D'une part car il est l'organe chargé d'épurer votre corps et qu'il fonctionne pratiquement comme un filtre, qui a besoin d'être nettoyé de temps en temps. D'autre part parce que, au niveau des émotions, une autre tâche importante lui incombe : selon la médecine traditionnelle chinoise, le foie peut nous aider à exprimer nos énergies créatives, à nous épanouir et à nous affirmer.*

Veillez également à vous détendre suffisamment. Quand nous sommes sans cesse occupés et stressés, nous avons bien plus de mal à être détendus et aimables vis-à-vis de nous-mêmes. Nous pensons généralement si vite que nous oublions que notre corps a besoin d'un peu plus de temps pour mener à bien de nombreux processus.

*Un corps contracté n'attend souvent rien d'autre qu'une attention bienveillante, peut-être un massage ou un bain chaud, et avant tout assez de sommeil. Si vous rechargez régulièrement vos batteries, vous vous sentirez bien plus présent dans votre corps.*

## L'ÉNERGIE QUI CIRCULE DANS MON CORPS

Nous nous sentons bien dans notre corps quand nous ressentons de l'énergie, notre esprit en éveil et de la clarté en nous. Le mouvement est une possibilité fantastique d'éveiller notre énergie vitale. Trouvez absolument un sport qui vous plaît et ne le lâchez plus. S'entraîner au grand air permet de se vider la tête, et, au quotidien, la nature offre une compensation bienfaisante à chaque personne qui y est ouverte. Le principal avantage du sport est qu'il vous reconnecte à votre corps

*« La paix commence quand nous prenons soin chacun chaque jour de notre corps et de notre esprit. »*

Thich Nhat Hanh

– un état qui vous rend dynamique et vous rend plus détendu et plus aimable tout au long de la journée. La clarté et la rapidité d'esprit sont bien sûr aussi influencées par tout ce que nous prenons en charge. Si vous vous aimez davantage, vous éprouverez sans doute automatiquement le besoin de faire du bien à votre corps à cet égard également. Gardez alors un œil sur vos stimulants – comme chacun sait, la nourriture, l'alcool et la cigarette peuvent engendrer une euphorie à court terme, et nous les utilisons volontiers pour nous sentir mieux. Ils ne posent aucun problème tant qu'on les consomme avec modération. Mais le plaisir croissant d'un stimulant masque souvent un autre besoin, par exemple la nostalgie d'une proximité humaine.

Du point de vue de l'amour de soi, attendez à l'avenir un moment avant de vous saisir d'un verre de vin, d'un chocolat ou d'une cigarette. Tâchez de sentir quelles sont les véritables aspirations de votre moi profond. Ce que vous consommez sert-il en réalité à vous consoler ou à vous calmer ? Comment vous sentez-vous après ?

*À l'âge de trente et un ans, Jeanne est célibataire et vient tout juste de déménager dans une grande ville. Elle se décrit comme une «* addict *au chocolat ». Quand elle rentre chez elle le soir dans son appartement vide, un désir quasi incontrôlable de chocolat l'envahit. Elle s'adonne presque tous les jours à sa fringale et finit par s'énerver d'avoir ingéré tant de calories inutiles.*
*Mais la situation commence à bouger. « Je suis sûre que ma dépendance au sucre a pour unique but de me consoler de ma solitude, dit-elle. Dans mon ancienne ville, j'avais beaucoup d'amis et je n'éprouvais pas ce désir permanent de sucre. J'essaie maintenant de prendre le vrai problème à bras-le-corps et de me faire de nouveaux contacts ici. »*

Peut-être l'un ou l'autre d'entre vous se reconnaît-il dans l'exemple de Jeanne ? Comme le sucre, l'alcool et la cigarette exercent un effet immédiat sur notre corps, ils s'imposent souvent pour dissimuler des sentiments désagréables. Il vaut mieux cependant reconnaître notre véritable sentiment et faire de la place à notre besoin caché.

Prends soin
de ton corps.
C'est le seul endroit
que tu aies
pour vivre.

Jim Rohn

# À L'EXTÉRIEUR COMME À L'INTÉRIEUR

Dans l'Antiquité, le corps était déjà reconnu comme le miroir de l'âme. Sa position, sa langue et son expression trahissent grandement la vie intérieure de l'homme. Il est primordial de savoir que l'extérieur obéit à l'intérieur.

*Imaginez une lampe : votre corps est l'abat-jour et votre âme l'ampoule. Si vous allumez votre lampe intérieure et que vous êtes bienveillant et valorisant à l'égard de vous-même, le sentiment de votre corps et votre aura changeront rapidement.*

Je pense que chaque partie du corps, chaque organe est en rapport avec un aspect psychique. Si nous sommes ouverts à la symbolique du corps et à ses symptômes, nous pouvons y lire comme dans un livre. On peut par exemple se demander :

- Qu'est-ce qui me retourne l'estomac ?
- Pourquoi mon cœur saute-t-il de joie ?
- Que signifie pour moi « avoir les pieds sur terre » ?

S'aimer signifie assumer la responsabilité de son corps et de son équilibre. Il arrive qu'une maladie ou qu'un accident nous force à être plus attentifs à nos déplacements, à notre alimentation et à notre détente. Si un tel événement vous arrive, voyez-le comme un réveil de votre âme !

**L'AMOUR ACCÉLÈRE LA GUÉRISON.**

Si vous vous sentez un jour malade ou flagada, ne vous mettez pas en colère contre vous-même sous prétexte que vous ne fonctionnez pas comme d'habitude. Au contraire, accordez à votre corps une attention et un calme bienveillants, pour qu'il parvienne à retrouver son équilibre.

Il est tout à fait normal que nous aimions certains aspects de notre corps plus que d'autres. Mais nous sommes parfois tellement obsédés par son esthétique que nous en oublions sa fonction. Un jour, une jeune femme me raconta que, même l'été, elle cachait ses pieds dans des chaussures fermées pour que personne ne puisse voir ses orteils irréguliers. Cette réaction est vraiment injuste : nos pieds nous portent merveilleusement bien à travers l'existence !

# MON CORPS A DE LA VALEUR

Notez ici les parties de votre corps qui vous plaisent. Soit parce que vous les trouvez belles, soit parce que vous les trouvez agréables, soit parce que vous êtes reconnaissant des possibilités qu'elles offrent. Attardez-vous en particulier sur ce qui vous avait jusqu'ici toujours paru évident.

*Ce que je trouve beau en moi :*
*(par exemple : mes yeux, mes cheveux, mes mains, etc.)*

*Ce que je trouve agréable dans mon corps :*
*(par exemple : mon énergie pour danser, marcher pieds nus dans le sable, respirer l'air frais, etc.)*

*La fonction pour laquelle je suis tout particulièrement reconnaissant :*
*(par exemple : mon sens du goût – qui me prépare un tel régal –, mes oreilles – qui me permettent d'écouter de la belle musique...)*

# C'EST AINSI QUE JE ME LIERAI D'AMITIÉ AVEC MON CORPS

## *Trucs et astuces*

*Un positionnement positif*

★ Nous nous révoltons parfois contre un élément de notre corps qui nous déplaît – que ce soit notre nez, notre ventre ou notre poids. Ne tolérez pas qu'une bricole jette une ombre sur l'image que vous avez de vous-même, vous valez bien mieux que cela ! Concentrez-vous sur tout ce que vous appréciez en vous, et apprenez à connaître de nouveaux aspects qui vous paraissaient peut-être jusqu'ici évidents. Votre peau est peut-être toute douce ou votre voix spécialement agréable ?

*Les rituels*

★ Transformez certaines de vos activités quotidiennes en un petit rituel de l'amour de soi, par exemple le fait de vous hydrater après votre douche du matin. Imaginez que vous pouvez à ce moment vous rencontrer en pleine conscience et vous accorder une attention bienveillante. Regardez-vous dans le miroir, adressez-vous un sourire d'encouragement et dites-vous un mot sympathique.

*La douche de compliments*

★ Entre bons amis, ou en couple, il peut se révéler très enrichissant de nous dire mutuellement ce qui nous plaît ou ce que nous trouvons beau chez l'autre. Une telle douche de compliments booste instantanément l'humeur et augmente l'amour-propre.

*Une récompense pour le corps*

★ Vous avez parfois le droit de vous faire simplement un cadeau. Des conseils professionnels peuvent vous aider à souligner visuellement vos atouts, de même vous pouvez avoir du plaisir à porter une toute nouvelle tenue. L'amour de soi peut croître si vous vous regardez volontiers dans le miroir. Et cela vaut tout autant pour les hommes que pour les femmes.

*Une rencontre fortuite*

★ Si vous vous rencontrez un jour par hasard – en voyant votre reflet dans la fenêtre, en entendant votre voix sur le répondeur ou en tombant sur une vieille photo de vous –, souhaitez-vous la bienvenue ! Si de tels moments vous inquiètent, essayez de dialoguer avec votre image, cela fait des miracles !

### *La reconnaissance*

★ La santé est un bien précieux. Nous ne le comprenons parfois qu'au moment où des douleurs restreignent notre bien-être. Appréciez chaque jour votre corps et tout ce qu'il vous permet ! Cette expérience d'une de mes amies montre que la reconnaissance favorise aussi la guérison : suite à une lourde opération du bas-ventre, elle s'était habituée à chanter le matin sous sa douche et à se montrer reconnaissante à l'égard de son corps, qui lui rendait de si fiers services. Tandis qu'elle caressait tendrement ses cicatrices, elle remerciait intérieurement son corps et était envahie par le sentiment qu'elle guérissait vite et bien.

### *L'alimentation*

★ S'aimer permet de se sentir vivant. Une alimentation réfléchie produit le même effet. Transformez vos repas en un rituel conscient et détendu, au cours duquel vous savourez, tous vos sens en éveil, le processus du goût et l'ambiance autour de vous. Pendant que vous mangez, ne vous laissez pas distraire par un livre ou par la télévision. Un repas soigné est bien plus digeste.

### *Quelques astuces pour vous détendre*

★ Offrez à votre corps et à votre esprit quelques instants de méditation, au moins une fois par jour. Installez-vous, les pieds posés bien à plat sur le sol, fermez les yeux, prenez simplement conscience de votre corps et observez votre respiration. Rien de plus ! Peu importe que vous soyez dans votre bureau pendant la pause déjeuner, ou assis sur un banc dans un parc : ces quelques minutes, qui vous permettent de vous connecter à vous-même, valent de l'or.

### *Le sommeil*

★ Transformez également votre coucher en un rituel d'amour de soi. Qui n'aime pas dormir dans un lit confortable, la tête posée sur des oreillers parfumés ? Peut-être avez-vous envie, avant d'aller vous coucher, de prendre un bain ou de lire un bon livre ? Veillez à vous requinquer la nuit pour commencer une nouvelle journée en étant reposé. Le moment qui précède votre endormissement et celui qui succède à votre réveil sont les meilleurs moments pour vous occuper d'affirmations agréables, qui peuvent alors directement couler dans votre inconscient.

# POUR AVOIR UN CONTACT BIENVEILLANT AVEC MON CORPS

## 1

*La beauté commence à l'intérieur*

Nous le savons déjà, en théorie. Nous aimer nous permet de mettre efficacement cette connaissance en pratique. Nous nous trouvons en effet beaux et séduisants quand nous sommes en paix avec nous-mêmes et que nous savons apprécier notre corps. Ce sentiment nous libère de ce que nous prescrivent les médias et la publicité, qui suggèrent un idéal bien précis de beauté – cet idéal aura d'ailleurs déjà peut-être changé dans quelques années !

## 2

*Parlez à votre reflet*

Une discussion quotidienne avec votre reflet permet d'améliorer considérablement votre relation à vous-même et à votre corps. Regardez-vous d'un nouvel œil et avec un regard doux, tandis que vous vous contemplez dans le miroir et que vous formulez des compliments agréables et valorisants. C'est en forgeant qu'on devient forgeron – gardez absolument la balle dans votre camp !

## 3

*Traitez votre corps comme un temple*

Vous pouvez accroître l'estime que vous avez de vous-même si vous considérez votre corps comme un temple. En effet, un temple est un lieu saint, que l'on traite avec soin. Si vous traitez avec soin et attention tous les besoins de votre corps – alimentation, mouvements, contacts, détente et sommeil –, vous vous entraînez de façon pratique à vous aimer vous-même.

**4**

*Voyez en votre corps un instrument précieux*

Le corps est le chez-soi de l'âme. Il est tout autant à la disposition de votre perception intérieure que de votre expression extérieure. Écoutez la sagesse de votre corps et fiez-vous toujours davantage à votre intelligence du ventre. Plus votre corps est clair et vif, mieux votre âme peut s'exprimer à son sujet.

**5**

*Soyez reconnaissant pour toutes les fonctions de votre corps*

Le caractère bienveillant du rapport que vous entretenez avec votre propre corps peut croître si, en marge des apparences, vous manifestez de la reconnaissance à l'égard de toutes les fonctions extraordinaires que votre corps assure. Quand quelque chose en lui vous révolte, essayez de reconnaître que cet aspect pourrait vous servir d'une manière ou d'une autre.

**6**

*Les douleurs comme réveil de l'âme*

De différentes manières, le corps se révèle un miroir de l'âme. La maladie, les contractions et les symptômes de malaise vous rappellent que vous devez vous occuper avec bienveillance de votre équilibre intérieur. Ne vous condamnez pas pour cela, voyez-y au contraire un appel de votre âme, qui souhaite une plus grande harmonie.

*Chapitre 4*

# Épanouissement et développement : faire fleurir l'amour de soi

## *Dans ce chapitre, vous apprendrez :*

- comment l'amour de soi accompagne toute votre vie ;
- comment être bienveillant envers vous-même, y compris en période de crise ;
- comment soutenir vos plus chers désirs et les rêves de votre vie ;
- dans quels pièges vous pouvez tomber sur le chemin de l'amour de soi et comment les esquiver.

# LA SPIRALE ASCENDANTE

*Imaginez que votre vie est une spirale ascendante. Au fil des années, vous évoluez, vous avancez. Vous ferez sans doute, à intervalles plus ou moins réguliers, face à de nouveaux défis, ainsi va la vie.*

Vous aimer peut vous aider à toujours mieux gérer les défis, dans la mesure où vous êtes clairement connecté avec vous-même. À l'image d'une relation amoureuse réussie, qui gagne avec les années en profondeur et en confiance, votre relation à vous-même peut se remplir d'une estime et d'une sollicitude toujours plus grandes envers vous-même.
Cela ne signifie pas qu'il n'y a pas de hauts et de bas – mais dans l'ensemble la spirale vous mène nettement vers le haut

## LE MIROIR EXTÉRIEUR

En voyage vers vous-même, vous découvrirez que tout ce qui vous entoure représente un champ personnel d'apprentissage. La nature de vos relations, votre profession et vos expériences dans tous les domaines de la vie vous renvoient fidèlement l'image de la personne que vous êtes. Cela vaut pour le positif comme pour le négatif.
Si vous devenez plus bienveillant envers vous-même, votre entourage vous traitera également avec une plus grande *estime*. Vous attirerez dans votre vie de nouvelles expériences et de nouvelles personnes, qui vous conforteront dans l'idée d'être vous-même. La qualité de vos relations et de vos amitiés peut ainsi croître, de même que la conscience des personnes et des choses qui vous font du bien dans la vie.

*Apprendre à vous aimer signifie vous rapprocher de votre propre âme. Vous décidez de plus sentir et de devenir tout autre.*
*Cela vous permet également de nouer une relation plus profonde à d'autres personnes. La proximité dans votre rapport à autrui, en particulier en amour, peut croître dans la mesure où vous vous rapprochez de vous-même.*

# MON MEILLEUR AMI INTÉRIEUR

*Exercice*

*On dit souvent « Sois un bon ami pour toi-même », mais comment cela fonctionne-t-il en pratique ? L'exercice suivant me paraît particulièrement efficace sur ce point.*

»—› Placez deux coussins par terre devant vous en les espaçant légèrement et installez-vous sur le premier. Vous êtes ici – avec toutes vos pensées et tous vos sentiments.

»—› Commencez à parler au second coussin, comme vous parleriez à un bon copain. Cela peut vous sembler étrange au début, mais continuez simplement à parler jusqu'à ce que vous soyez dans le bain. Au bout d'un moment, ce sera très facile.

»—› Puis asseyez-vous sur l'autre coussin. Vous vous trouvez maintenant dans la position de votre meilleur ami. Commencez à parler de ce point de vue. Que vous dirait à présent votre meilleur ami ? Ses propos seraient peut-être bienveillants (« J'ai si bien compris tes sentiments ») ou apaisants (« Crois en toi ! Si tu as besoin de conseils, je suis toujours là pour toi »). Essayez aussi de parler quelques minutes dans cette position.

»—› Retournez ensuite sur le premier coussin – en emmenant votre « meilleur ami » avec vous ! Étreignez le second coussin et sentez en pleine conscience ce qui se passe en votre for intérieur, tandis que vous percevez les deux qualités en vous.

»—› Répétez l'exercice dès que vous avez besoin de soutien !

*À l'intérieur comme à l'extérieur*

Du fait que vous grandissez intérieurement et que vous changez, vous attirez aussi de nouvelles expériences et de nouvelles personnes. Observez attentivement qui vous aide à poursuivre votre chemin.

# LA GESTION DES CRISES

*Les périodes difficiles font partie de la vie et nous mettent à l'épreuve. Il est tout à fait humain, en période de crise, de douter et de pleurer, et en même temps difficile de s'aimer ainsi. Nous n'exerçons souvent aucune influence sur ce qui a déclenché la crise. Les ruptures, les pertes et les maladies nous confrontent soudain au côté sombre de nos sentiments, que nous aimerions éviter, mais qui souhaite avec ardeur se faire accepter.*

Les crises sont des processus de métamorphose, qu'accompagnent les sentiments les plus différents, l'incertitude et les peurs. Soudain, nos anciennes émotions remontent à la surface, nos relations, parfois aussi notre profession, sont remises en question. La vie entière apparaît d'un coup sous un jour nouveau, empreint de doutes.

## DU COURAGE !

Tout désagréable et déconcertant que soit le moment en question, l'apparition de crises est toujours le signe que vous possédez la maturité nécessaire pour continuer à évoluer.

*Ne fuyez pas devant vous-même, mais essayez de rester connecté de façon amicale avec votre moi profond.*

## APPRENDRE À M'ACCEPTER AVEC TENDRESSE

Quand par exemple certains facteurs extérieurs, comme notre métier ou notre conjoint de longue date, sortent de notre vie, notre amour-propre en souffre. Notre cœur saigne, et accepter la situation telle qu'elle est n'est pas simple. La vie nous met à ce moment au défi de nous retrouver face à nous-mêmes et de nous accepter avec tendresse.
Sans distraction, nous sommes forcés de regarder de près et de nous pencher sur ce qui fermente peut-être depuis longtemps dans le noir et qui ne veut être vu que maintenant. À ce moment seulement, nous grandirons intérieurement

*« La crise est un état productif. Il suffit de lui enlever son arrière-goût de catastrophe. »*

Max Frisch

– de façon tout d'abord à peine visible, puis toujours plus sensible –, et après un temps nous pourrons changer et poursuivre notre chemin, plus forts.

*Chaque crise véritable a une cause et prend son temps. Renoncez à l'ambition de vous relever des cendres, tel le phénix. Acceptez plutôt le statu quo. Écoutez votre âme et ce qu'elle souhaiterait vous confier. Laissez parler votre cœur et accordez une pause à votre tête.*

La bonne nouvelle est qu'aucune crise ne dure éternellement, même si vous ne voyez poindre pour l'instant aucune lueur d'espoir à l'horizon. Vous aimer peut vous aider, y compris dans des jours sombres, à rester sur votre chemin. En effet, si vous parvenez là aussi à vous dire « oui » à vous-même, si vous doutez, pleurez et souffrez, une assurance naît en vous et personne ne peut vous l'enlever. Vous reconnaîtrez plus facilement le trésor qui se cache dans toute obscurité. C'est ainsi que la crise, grâce à du soin, à de la patience et à de l'amour de soi, peut devenir la clé d'un changement positif durable.

*Soutien en période de crise : la voix de votre meilleur ami intérieur*

# L'AMOUR DE SOI DANS LA CRISE

## *Trucs et astuces*

*Prenez grand soin de vous*

★ En temps de crise particulièrement, entraînez-vous à votre rituel quotidien devant le miroir. Si vous parvenez dans un tel moment à parler aimablement à votre reflet, vous faites un grand pas en direction de l'amour de soi.
Si vous êtes honnête et que vous vous ouvrez à tous les sentiments, vous créez un soulagement et une connexion avec votre moi profond.

*Cherchez un soutien humain*

★ Vos relations et vos contacts prennent ici toute leur importance. Chacun a besoin de temps à autre d'une épaule sur laquelle s'appuyer, d'une étreinte, d'une écoute.
La certitude que quelqu'un est là pour vous vous permettra plus facilement d'éprouver de la confiance.

*Soyez bien dans votre corps*

★ Il vous porte, à travers cette période également. Si vous le traitez avec bienveillance, vous créez de meilleures conditions pour vous sentir mieux psychiquement et plus présent. Le sport est un fantastique antidépresseur naturel – idéalement au grand air.

*Exprimez vos impressions*

★ Cela vous soulagera : si vous le souhaitez, vous pouvez vous montrer créatif et exprimer vos sentiments sous forme de couleurs sur une toile. Partagez votre vécu au lieu de le ravaler ou de chercher à l'améliorer tout seul.

*Veillez à bien structurer vos journées*

★ Mener chaque jour une action sensée renforce votre amour-propre et vous empêche de vous perdre dans des ruminations.

*Prenez vos responsabilités…*

★ … comme le capitaine d'un bateau, qui se retrouve dans une tempête en haute mer. En cas de besoin, demandez l'aide d'un professionnel pour vous accompagner durant la crise. Un thérapeute ou un coach peut vous permettre de vous orienter, comme un phare, quand votre vie est en cours de modification.

# LES QUATRE BESOINS PSYCHOLOGIQUES FONDAMENTAUX

*Dans de nombreuses études sur le bien-être psychique de l'homme, Klaus Grawe, psychothérapeute et professeur d'université réputé, identifie quatre besoins psychologiques fondamentaux. La satisfaction de ces quatre besoins crée un climat favorable pour mener une vie heureuse et tranquille. La probabilité d'éprouver des souffrances psychiques diminue simultanément. Ces quatre aspects donnent une ligne directrice claire sur le chemin de l'amour de soi.*

### *L'attachement*

★ Cultivez les relations qui vous font du bien et les contacts bienveillants, car ils sont le baume de l'âme. Vous ne devez pas tout réussir seul – la proximité et le soutien humain sont un besoin pleinement naturel.

### *L'orientation*

★ La structure, le contrôle et l'autodétermination procurent de l'assurance et un cadre stable. Un quotidien régulier donne un équilibre et le sentiment d'exercer de l'influence sur sa vie. Se trouver actif et pouvoir diriger sa vie stimule la conscience de sa propre valeur.

### *L'estime de soi*

★ Tout ce qui renforce votre amour-propre est bon pour votre bien-être psychique. Cela dépend en grande partie de votre profession, ainsi que de la manière dont vous exprimez vos compétences et dont ces dernières sont reconnues. Vous méritez d'accomplir des tâches qui vous tiennent à cœur et que vous réalisez avec de la joie et un sentiment de légitimité.

### *Le plaisir*

★ Ressentir de la joie et du plaisir soutient l'équilibre psychique. Si ce besoin est lésé, car votre travail ou d'autres exigences dominent votre quotidien, vous foncez tout droit vers la frustration. C'est pourquoi il est primordial de prendre du temps pour les choses qui vous font plaisir et qui permettent à l'enfant en vous de vivre.

Tous nos rêves peuvent devenir réalité, si nous avons le courage de les poursuivre.

Walt Disney

# LE RENFORCEMENT DE MA NOUVELLE CONSCIENCE EN MA PROPRE VALEUR

## *Trucs et astuces*

*Voyagez à travers votre vie*

★ L'amour de soi vous rendra toujours plus sensible et plus visible à vos propres yeux ainsi qu'aux yeux d'autrui. Que diriez-vous de voyager en pensées et en émotions à travers votre vie ? Installez-vous confortablement et sortez de vieilles photos. Contemplez les images de vous dans toutes les périodes et les situations de votre vie. Jeune enfant, adolescent et jeune adulte, avec votre famille et vos amis ou bien seul, des instantanés amusants comme des photos sérieuses de candidature. Partout, c'est vous ! Quelques souvenirs vous reviennent sans doute. Souhaitez la bienvenue à tous vos sentiments, et, si une photo bien précise vous touche, accrochez-la sur votre panneau de liège.

*Jetez un œil à vos contacts*

★ Changer d'une façon positive peut enclencher des bouleversements au niveau de vos contacts. Ceux qui, à la découverte de votre force intérieure,

sont heureux pour vous resteront sûrement à vos côtés. Quand on grandit, il arrive que des chemins se séparent. À court terme, nous sommes parfois déçus. Mais à long terme la vie veut le meilleur pour vous : elle vous conduira donc toujours vers les bonnes personnes. Fiez-vous à votre intuition.

*Utilisez avec précaution le miroir de votre entourage*

★ Au quotidien, il arrive vite qu'un élément extérieur suscite notre attention ou que nous rendions autrui responsable d'une chose qui nous déplaît. L'écrivain russe Léon Tolstoï écrivait que nous les humains nous comportions parfois comme un chien qui aboie après le miroir, ne pensant pas y découvrir son reflet, mais un autre chien. Allez dorénavant un peu plus loin et demandez-vous quel reflet vous renvoie l'autre ou ce qu'il vous enseigne. Vous pourrez ainsi profiter de la chance d'exploiter les conflits pour vous perfectionner.

### *Développez votre conscience de la crise*

★ Gardez sous les yeux le grand tout, quand vous traversez une période difficile. Imaginez que vous vous tenez au sommet d'une montagne et que vous avez, depuis là-haut, une vue d'ensemble sur votre vie. Vous reconnaissez tous les hauts et les bas, et vous vous rappelez la manière dont vous êtes venu à bout de défis. Vous voyez votre situation actuelle sous un autre jour et lui enlevez une part de sa gravité. Demandez-vous : « Où se situe la chance dans ma situation présente ? Où pourrais-je me rouvrir à la vie ? »

### *Écoutez votre voix intérieure*

★ Notre manque d'amour de nous-mêmes signifie souvent que nous ignorons notre voix intérieure et nos propres souhaits. Nous trouvons plein de raisons pour le justifier : nos impératifs professionnels, qui ne nous laissent aucune latitude, nos représentations de la famille, notre propre idée de ce qu'« on » peut faire ou pas… Cela signifie en fin de compte que nous accordons une plus grande importance aux idées extérieures qu'à nous-mêmes. Souhaitez la bienvenue à vos impulsions profondes, qui veulent vous montrer le bon chemin – le vôtre !

### *Servez-vous de votre puissance créatrice*

★ Grâce à un amour de soi grandissant, vous éprouverez toujours plus le besoin d'exprimer votre vérité et votre individualité. N'hésitez pas, car chaque jour est précieux ! Consacrez une partie de votre temps libre à étudier et à appliquer vos rêves et vos visions. Un rendez-vous fixe dans votre agenda et la motivation de bons amis peuvent vous aider à garder la balle dans votre camp.

### *Procurez-vous un joli carnet de notes*

★ Dès maintenant, gardez-le toujours sur vous. Vous pouvez y inscrire à tout moment vos idées créatives. Dites-vous intérieurement ou écrivez sur la première page : « Je suis ouvert(e) à toutes les idées qui enrichissent ma vie. » Vous mettez ainsi en pratique la position d'écoute et réglez le flot d'idées sur tout ce qui embellit la vie.

# LES PIÈGES DE L'AMOUR DE SOI

*Le quotidien nous tend divers pièges, dans lesquels chacun de nous est déjà tombé, des situations dans lesquelles l'amour de soi manque. Ces pièges sont très répandus, et j'aimerais donner quelques astuces pour vous aider à en sortir.*

★ *Un comportement autodestructeur*

De nombreuses personnes essaient de calmer leur grosse faim intérieure avec une surcharge de stimulants : fumer trop de cigarettes, ingérer trop de sucre, manger pour combler un manque d'amour ou consommer régulièrement de l'alcool et des drogues endommagent plus notre corps et notre âme qu'ils ne comblent notre vide intérieur. Malheureusement, beaucoup de ces substances nous rendent dépendants. Mais un comportement autodestructeur peut aussi prendre d'autres visages, comme le fait de rester dans des relations ou à des postes qui minent nos forces. De telles situations confirment souvent un ancien programme intérieur, qui s'intitule : « C'est tout ce que je mérite. » Guérir suppose de diriger son regard de l'extérieur vers l'intérieur et de prendre toujours davantage conscience de sa propre valeur.

En commençant à renforcer votre amour de vous-même, vous pouvez découvrir lentement que vous valez très largement mieux que ça – sur les plans physique, professionnel et émotionnel ! Avec le temps, vous pourrez remplacer le besoin d'un comportement autodestructeur par le plaisir des choses qui vous font vraiment du bien. Voici une affirmation puissante qui vous y aidera :

*Je m'aime et je mérite à tous égards le meilleur.*

★ *La violence dans les relations*

Les violences physiques et émotionnelles sont le contraire de l'amour, elles causent douleur et honte. La victime se sent souvent coupable et incapable de mettre fin à sa relation. Si vous êtes dans ce cas, vous devez non seulement reconnaître que rien au monde ne justifie un tel traitement, mais aussi oser faire un pas vers l'extérieur et (re)découvrir votre propre force. N'attendez pas, car votre amour-propre a besoin d'un nouvel espace. Confiez-vous aux autres et acceptez l'aide qu'ils vous proposent pour vous libérer de cette situation malsaine.

Des exercices quotidiens d'amour de soi vous aideront à prendre peu à peu conscience de votre importance et à arrêter de vous laisser écraser. Dites-vous plusieurs fois par jour :

*Je m'aime et je mérite d'entretenir des rapports sains avec moi-même et avec autrui.*

« Je n'ai pas le temps pour ça ! »

Cette excuse a l'air relativement inoffensive, mais elle n'est rien d'autre qu'un piège pour l'amour de soi. En effet, on peut lire entre les lignes : tout est plus important que mes propres besoins. Veillez à partir d'aujourd'hui à vous accorder des temps morts à côté de votre famille et de votre travail et à en profiter peut-être pour mieux vous connaître vous-même ! Il y a vingt-quatre heures dans une journée, vous pouvez sans doute vous consacrer un petit moment afin d'être bien avec vous-même. Votre entourage en profitera aussi ! Dites-vous toujours :

*Je prends du temps pour moi-même et pour mes besoins.*

« Mais je ne veux pas être égoïste ! »

Un dévouement désintéressé à l'égard d'autrui représente un autre piège pour l'amour de soi. Pour ne pas être qualifiées d'égoïstes, de nombreuses personnes se dépensent à fond pour autrui. Elles gardent parfois inconsciemment dans un coin de leur tête l'idée selon laquelle elles auront un jour un retour sur investissement. Peut-être justement dans la mesure où l'on se souhaite à soi-même de l'amour et de l'attention ? Il n'existe aucune décoration récompensant le désintéressement – si ce n'est peut-être la possibilité d'être là pour soi-même autant que pour autrui et d'en tirer une sincère satisfaction. Imaginez encore une fois cette situation dans un avion : avant chaque vol, une hôtesse attire votre attention sur le fait qu'en cas de perte de charge vous devez mettre votre propre masque avant d'aider d'autres passagers, y compris les enfants. S'occuper de soi n'est donc pas un signe d'égoïsme, mais crée les conditions permettant d'être bon envers autrui. La phrase suivante peut vous aider :

*Je m'occupe de moi-même tout aussi bien que d'autrui.*

### « Je ne mérite pas d'être aimé(e) ! »

Cette idée est profondément enfouie dans la tête de nombreuses personnes, et cette croyance les garde en réalité souvent éloignées de l'amour. Nous aimer nous-mêmes paraît si difficile quand des fiascos, des sentiments d'infériorité, des échecs et des rejets de soi jettent sur notre propre personne une lumière prétendument mauvaise. Pour trouver un accès à l'amour de soi – un début –, il peut se révéler utile de chercher un environnement bienveillant et valorisant. En effet, si les uns traitent les autres avec tendresse, il est plus simple de le faire aussi soi-même. Un environnement chaleureux et humain, sur le long terme, fait fondre n'importe quelle glace et peut aider à briser les anciens murs du refus de soi.
Veillez à examiner vos relations personnelles et à ne vous entourer que de personnes qui respirent l'estime et la sincérité. Si vous le faites de façon conséquente pendant un bon moment, la voix de votre détracteur intérieur deviendra moins forte et vous arriverez plus facilement à vous aimer vous-même.
Sur le plan professionnel, on ne peut bien sûr pas toujours choisir son entourage. Mais n'acceptez pas que le stress, la compétitivité ou le harcèlement sur votre lieu de travail rongent votre estime de vous-même. Il existe des entreprises qui offrent une atmosphère sympathique, de la reconnaissance et un esprit d'équipe, et qui vous aideront sur le long terme à vous traiter de façon bienveillante et détendue. De plus, dressez la liste de vos forces et de tout ce que vous avez déjà réussi dans votre vie. Cela vous positionne dans une direction positive. Si vous arrivez à vous estimer, ne serait-ce qu'un peu, vous avez donné une première impulsion à votre amour de vous-même et vous êtes sur la bonne voie.
Utilisez les affirmations suivantes, qui vous aideront à vous offrir de l'amour et à l'accepter de la part des autres :

*Je suis sympathique et j'ai de la valeur. Je m'ouvre maintenant à toutes les bonnes choses qui viendront à moi.*

### « Je commencerai à m'aimer quand... »

*« Je pourrai seulement m'aimer quand j'aurai perdu dix kilos... quand je serai enfin promu et que ma vie professionnelle sera couronnée de succès... quand j'aurai enfin accompli ceci ou cela. »*
Ces arguments ou des arguments de ce style sont souvent utilisés pour s'interdire la sollicitude envers

soi-même. L'amour de soi est soumis à conditions et ajourné. Mais l'amour véritable ne tolère aucune condition, il veut jaillir ici et maintenant.
Tel est le défi, mais aussi le caractère pratique de l'amour de soi :
vous pouvez commencer à tout instant, que vous soyez confortablement installé sur votre canapé, en pyjama,
ou que vous soyez dans votre quotidien professionnel. Seule compte votre décision de vous dire « oui » à vous-même à partir de maintenant. Curieusement, le reste suit souvent tout seul.
Tina, qui passait sa vie à se révolter contre son poids (« Je ne pourrai m'aimer que le jour où je serai mince »), décida un beau jour qu'elle ne voulait plus continuer ainsi. Elle en avait assez de critiquer en permanence sa silhouette. Elle prit la résolution de s'aimer et commença ici et maintenant à être gentille avec elle-même, avec tout ce qu'elle était.
Que se passa-t-il ? Elle commença à se sentir mieux dans son corps, et peu à peu les kilos se mirent à fondre, sans aucun régime. Elle soutient à présent, de façon authentique et sympathique, d'autres femmes en proie au même problème. C'est pourquoi il ne faut pas attendre : commencez à pratiquer l'amour de soi dès aujourd'hui !

La phrase suivante pourra vous apporter un soutien :

*Je m'aime ici et maintenant, avec tout ce que je suis.*

★ *« Je ne peux rien sentir ! »*

Vous voudriez peut-être vous aimer et vous « sentir » davantage. Mais pour l'instant vous ressentez un blocage émotionnel. Cela peut arriver, et c'est parfois légitime. Il s'agit peut-être d'une défense de votre psyché, que vous souhaitez protéger contre trop d'impressions, ou peut-être êtes-vous simplement très pris dans votre vie actuelle. Il est aussi possible que vous ayez évité vos sentiments pendant des années car personne ne voulait les voir. Soyez aimable envers vous-même et entraînez-vous à accepter le statu quo. Vos sentiments et, avec eux, votre vivacité se réveilleront de nouveau quand vous vous offrirez de la chaleur. Tout vient à point à qui sait attendre. La sollicitude et l'amour de soi peuvent croître peu à peu si vous vous donnez le temps nécessaire pour suivre votre chemin bien à vous.
La phrase suivante pourra vous y aider :

*Je suis gentil avec moi-même et j'ai tout le temps dont j'ai besoin.*

# COMMENT L'AMOUR DE SOI DEVIENDRA UNE PARTIE INTÉGRANTE DE MA VIE

**1**

*Toute la vie*

La décision de s'aimer soi-même est une promesse sur la durée. Vous serez peut-être parfois mis au défi de rester vraiment « chez vous » – si, par exemple, ça « brûle » chez quelqu'un d'autre. Apportez votre aide, mais demeurez toujours fidèle à vos propres valeurs et à votre ligne. Vous pourrez alors traverser la vie de manière de plus en plus détendue et plus heureuse, car vous saurez que vous pouvez vous fier à vous-même – advienne que pourra !

**2**

*Les crises sont des examens psychiques*

Ce qui ne semble pas bien de prime abord signifie en réalité une possibilité de devenir plus entier et ouvre la porte à une plus grande liberté. À ce moment en particulier, il importe de s'entraîner à s'aimer soi-même et de faire preuve de précautions et de sollicitude dans sa gestion de soi-même, de ses sentiments et de ses besoins. Les crises se révèlent parfois nécessaires pour que nous rangions notre vie d'une manière nouvelle et plus appropriée.

**3**

*Reconnaissez-vous vous-même dans le miroir extérieur*

En vous aimant davantage, vous reconnaîtrez que tous les aspects de la vie extérieure vous reflètent. Dans la mesure où vous vous transformez et où vous devenez plus tendre avec vous-même, vous donnerez un écho différent aux faits adéquats. Utilisez de façon réfléchie votre puissance créatrice !

## 4

*Interrogez votre meilleur ami intérieur*

Entrez plus souvent en contact avec votre meilleur ami intérieur. Soyez à l'écoute de vous-même et témoignez vous la compréhension, la foi et l'appui d'un véritable ami. À un nouveau niveau, vous pouvez ainsi expérimenter le fait que vous possédez en vous la faculté de vous occuper avec amour de vous-même. Cela libère intérieurement.

## 5

*Épanouissement*

La vie voudrait que vous vous épanouissiez et que vous exprimiez vos talents et vos dons. Quand vous vous aimerez davantage, la voix de votre cœur se fera toujours plus intelligible – suivez-la ! Votre feu intérieur pourra ensuite s'éveiller et non seulement vous réchauffer, mais aussi éclairer la vie d'autres personnes.

## 6

*Carpe diem*

Chaque jour est précieux. Veillez dès maintenant à suivre les rêves de votre vie et à transformer vos plus chers désirs en réalité. Il n'est jamais trop tard, et vous l'avez mérité !

# MA VISION DE L'AVENIR

De quoi a l'air l'avenir que vous vous souhaitez ? Quelle vision sommeille peut-être en vous, avec l'espoir de vous éveiller à la vie ? Tout de suite, quel que soit votre âge, réfléchissez à ce que vous souhaitez précisément pour votre avenir – en gros et en détail – et notez vos idées sur cette feuille. Laissez libre cours à votre fantaisie et à votre cœur !

*Mes plus chers désirs pour l'avenir (au niveau de mon travail, de mes relations, de ma famille) :*

*Les rêves de ma vie que je veux voir se réaliser (exemple : monter en haut du mont du Pain de Sucre à Rio, me mettre à mon compte avec succès, déménager à la campagne avec ma famille) :*

*Mes prochaines étapes (ce que je peux faire dès maintenant pour commencer à réaliser mes rêves) :*

*Quels obstacles pourraient faire surface, et comment pourrais-je les gérer ?*

# ME PARDONNER À MOI-MÊME

*Le voyage vers nous-mêmes et vers une plus grande harmonie revêt de nombreuses facettes. Nous nous sommes déjà penchés sur certaines, mais j'accorderai à un aspect très important la place d'honneur, en conclusion de ce petit ouvrage : il s'agit du pardon. Tout ce qui demeure non élucidé coûte de l'énergie, sur un plan personnel comme sur un plan global.*

*La paix, que nous nous souhaitons et dont le monde a besoin de toute urgence, commence en nous-mêmes.*

L'amour peut croître si nous faisons la paix avec notre passé, avec nos semblables et avec nous-mêmes. Admettons que chaque individu se sente plus paisible et plus gentil, le grand tout en profiterait grandement !

Dressez une sorte d'inventaire personnel. Qu'est-ce qui vous bloque encore dans votre existence, quel problème reste peut-être « accroché » ?
Notez sur une feuille de papier toutes les personnes et les situations envers lesquelles vous éprouvez encore des sentiments non résolus. Pensez à votre souhait de plus d'amour et d'estime, à la joie que la vie réserve ici et maintenant. Présentez-vous avec courage et honnêteté les dossiers « non résolus ». Peut-être voudriez-vous engager une discussion sur l'un ou l'autre sujet, ou bien écrire une lettre à quelqu'un ? De quoi avez-vous besoin pour lâcher prise ? Soyez indulgent et pardonnez-vous aussi.

LE PARDON LIBÈRE ET CONSTITUE L'UNE DES CLÉS LES PLUS IMPORTANTES SUR LE CHEMIN DE L'HARMONIE INTÉRIEURE.

Accordez-vous tout le temps nécessaire. Vous verrez cette démarche comme un rangement intérieur.

*Je vous souhaite beaucoup de courage, de clarté et de joie sur votre chemin personnel vers l'amour de soi et vers la liberté intérieure. Le chemin est le but, et c'est fantastique que vous vous y engagiez, à votre manière et à votre rythme. Vous découvrirez ainsi votre force intérieure – vous êtes extraordinaire et vous avez une grande valeur.*

# POUR ALLER PLUS LOIN

*Quelques livres sur mes étagères…*

Hay, Louise, *La force est en vous*, Marabout, 2008.

Hay, Louise, *La Méthode du miroir : 21 jours pour amplifier les effets de la pensée positive*, Trédaniel, 2017.

Marrez, Anne et Oda, Maggie, *Petit cahier d'exercices d'acceptation de son corps*, Éditions Jouvence, 2015.

Murphy, Joseph, *La Puissance de votre subconscient*, Éditions de l'Homme, 2013.

*Sur le chemin de l'amour de soi, les groupes et l'entraînement peuvent aussi se révéler utiles. Ils intègrent des aspects comme le travail du corps et la méditation et durent un certain temps. Vous découvrirez que de nombreuses personnes, tout comme vous, sont en quête et souhaitent ouvrir leur cœur !*

## SOURCE DES CITATIONS :

Page 39 : cette citation est extraite du film de Charlie Chaplin *Le Dictateur*.

Dépôt légal : août 2017
Achevé d'imprimer en juillet 2017
Imprimé en Bulgarie par Flex